Matthias C. Bettex
Christsein in der Postmoderne

Matthias C. Bettex

Christsein in der Postmoderne

Band 1 der Reihe „Glauben leben“

Bibliografische Information der Deutschen Nationalbibliothek: Die Deutsche Nationalbibliothek verzeichnet diese Publikation in der Deutschen Nationalbibliografie; detaillierte bibliografische Daten sind im Internet über dnb.d-nb.de abrufbar.

ISBN: 978-3-9818451-3-6

Bibelzitate aus: Ev. Kirche in Deutschland, Bund der Ev. Kirchen in der DDR *(Hg.), Die Bibel nach der Übersetzung Martin Luthers*, rev. Fassung v. 1984, Standardausgabe (Deutsche Bibelgesellschaft: Stuttgart, 1985).

Life Consult SPS KG

KomBi
Verlag für Kompetenz und Bildung

2017

Anschrift: Pforzheimer Str. 186, 76275 Ettlingen
info@life-consult.org ◆ www.life-consult.org

Druck: Books on Demand GmbH, Norderstedt

Inhalt

Vorwort und Einleitung

Diesem Buch liegt ein Vortrag zugrunde, den ich 2001 für meine Freunde Eva-Maria und Eckard Over sowie Uwe und Christa Meiring verfasste. Ihnen bin ich dankbar für die mit ihrer Anfrage an mich gestellte Aufforderung, meine derzeitige Sicht unserer gesellschaftlichen Situation so auszulegen, dass für verantwortliche Mitarbeitende in der Kirche ableitbar wird, wie sie selbst sich verändern müssen, damit sie sich die existentielle Problemperspektive des so genannten „postmodernen Menschen" nicht nur erklären können, sondern auch verstehen lernen, was ihm gegenüber ihr Auftrag ist.

Der eigentliche Kern meiner Aussage dazu liegt in dem vielleicht abstrakt anmutenden Begriff „Aspektwechsel". Ein Aspektwechsel bedingt, dass man seine eigene Position verändert, um die Welt aus einem anderen Blickwinkel zu sehen. Welche Position dabei zu verlassen und welche zu gewinnen ist, das beschreibe ich im ersten Teil des Buchs.

Die dabei häufig vorgebrachte Sorge, man dürfe und wolle das Evangelium nicht der Welt wegen aufgeben, verfängt nicht. Denn nicht das Evangelium wird aufgegeben, sondern der eigene Standpunkt, von dem her man bisher das Evangelium betrachtet hat.

Um es im Gleichnis von den verlorenen Söhnen[1] zu sagen: Der ältere Sohn (alle etablierten christlichen Gemeinden sind dieser ältere Sohn) wird das Anliegen des Vaters nicht verstehen, es sei denn, er lässt sich darauf ein, dass der Vater dem jüngeren Bruder „draußen" schon längst begegnet ist, in einer Weise, die er als Älterer noch nicht kennt. Er als älterer Sohn hat dem Vater in einer bestimmten Form gedient. Aber als mündigen Sohn, der dem Vater zum Gegenüber gemacht ist, hat er sich noch nicht erkannt. Die Absurdität der Botschaft des Vaters für ihn liegt darin, dass der Vater nun ihn einlädt, ihm *neu* (wie der Jüngere, den er missionieren zu müssen glaubt) zu begegnen.

Es gibt keine Chance, über diese Frage lange zu diskutieren, denn das Fest hat bereits begonnen. Es gibt aber diese Chance: Sich dem Vater neu zu öffnen, zu ihm „vor das eigene La-

[1] Lukas 15,11-32.

ger“[2] hinauszugehen und ihm ungeschützt in einer tiefen Weise neu zu begegnen. Genau darin besteht das Fest, zu dem der Vater einlädt.

Kann man vom christlichen Glauben reden, ohne von der *Kirche* zu sprechen? Ich meine die Kirche als die Menge der kirchlichen Institutionen. Gibt es den christlichen Glauben *ohne* die Kirchen als gesellschaftlich präsente und verfasste Institution?

Diese Frage scheint sich heute pragmatisch zu lösen. Immer mehr Menschen bekennen sich zum christlichen Glauben, die zugleich aber die Zugehörigkeit zu einer der institutionellen Kirchen nicht als notwendige Bedingung solch eines Glaubens ansehen. So genannte „Freikirchen“ haben derzeit den größeren Zulauf. Sie scheinen den Eindruck zu erwecken, dass die Gläubigen sich in ihnen tatsächlich mehr ihrem Glauben und weniger ihrer christlichen Tradition oder einer institutionell sanktionierten Lehre verpflichten müssen. Was heißt dann aber „Glauben“?

Die Frage nach Religion, nach Sinn- und Zielorientierung ist in unseren Tagen neu aufgebrochen. Man geniert sich nicht mehr, sie zu stellen. Aber damit ist man nicht zugleich in die Hürden der „alten Kirche“ zurückgekehrt. Im Gegenteil, in diesem Aufbruch zeigt sich, dass nicht mehr die traditionell verfassten Kirchen die ersten Ansprechpartner für solche Fragen sind. Und wenn ihre Repräsentanten doch gefragt werden, dann nicht der Kirche, sondern ihrer Erfahrungen wegen, die sie als Glaubende den nicht oder nicht mehr Glaubenden voraushaben. Dabei geht es weniger um den Versuch einer objektivierenden Klärung der Frage, ob es Gott gibt, wie er zu denken sei und was er von uns als Menschen erwarten mag, sondern es wird eher gefragt, ob wir als Menschen miteinander verdammt sind, uns als Produkte einer namenlosen Materie zu verstehen, und ob uns der absehbare Weg dieser Menschheit tatsächlich in das schon fast kalkulierbare Drama unserer Selbstvernichtung führt, oder ob es eine Begegnung mit dem, das unser Ursprung ist, geben kann, so dass wir darin Identität und Ziel finden. Sollte die abschließende Offenbarung unserer Menschheitsgeschichte sein, dass wir für nichts anderes existieren als dafür, uns schlussendlich selbst zu zerstören?

Vielleicht haben wir unsere Daseinsfrage in einen falschen Äther gerufen, einen falschen Wellenbereich, eine falsche Di-

[2] Vgl. Hebräer 13,13.

mension unserer Existenz, die als unsere eigene Konstruktion nur aus unseren Objekten, logischen Gedanken, mathematischen Schlüssen und schließlich uns selbst als einzelnen Subjekten besteht? Lassen sich möglicherweise andere Zugänge, finden, durch die unsere Sehnsucht, gesehen und gerufen zu werden, die Sehnsucht nach dem Sinn unseres Seins, doch Erfüllung findet?

Dem, der heute so fragt, geht es nicht mehr oder nur noch wenig um christliche Tradition oder gar um biblisch begründete Lehre. Sondern da geht es vor allem Begründen und Tradieren um *Evidenz*. Es geht um die Erfahrung des eigenen Lebens, um dessen Spiritualität und Geistigkeit. Und dann geht es um einen *Glauben*, der aus dem Begegnen entspringt, aus dem Begegnen mit einer Kraft, die wir im Begegnen als Quelle des Lebens erkennen. Wie kann aus dieser inneren Suche nach Identität, Sinn und Berufung *Gewissheit* werden, die in uns selbst Zeugnis des Lebens ist?

Die postmodernen Menschen zeigen sich unbeeindruckt von der kirchlichen Lehre, zugleich aber stellen sie Fragen, auf welche die Kirchen lang glaubten, verbindliche Auskunft geben zu können, nämlich was der Sinn des Lebens sei und wie wir unsere Identität und Berufung finden könnten.

Die Generation nach den „68ern" hat auf die immer neuen Versuche, sich selbst auf ethisch-moralische Weise zu retten, tiefgreifend resigniert, obwohl sie zugleich auch sieht, wie wir dabei sind, die Grundlagen unseres Lebens zu zerstören. Die Bewusstheit der inneren Unstimmigkeit in uns selbst, eines Konflikts, den wir trotz aller Anstrengungen und Friedensbemühungen nicht lösen können, ist zu einem unbestimmten Motor und Unruheherd in uns geworden. Aber die Kirche scheint diesen immer deutlicher sich aufdrängenden Bewusstseinshintergrund nicht wahrhaben zu wollen, oder sagen wir es anders: Sie scheint es nicht zu wagen, sich dieser heraufdämmernden Bewusstheit ernsthaft zu stellen. Sie versucht, ihm mit den Antworten eines „aufgeklärten ethischen Zeitalters" zu begegnen, die ihm aber nicht angemessen sind. Sie spricht von Schuld, die man tun oder lassen kann; sie spricht von Gerechtigkeit, als ob wir sie leben könnten, und von Frieden, als ob irgendein Volk das, was jeweils damit gemeint war, hätte erstreiten können.

Wie geht aber Evangelium, wenn der Mensch die Schuld nicht mehr als ein Übel erfährt, das man erfolgreich bekämpfen und bezwingen kann, sondern wenn er sie als Bestandteil seiner menschlichen Existenz erkennt und sich dieser Erkenntnis resignativ fügt? Wie geht Evangelium, wenn unser Zeitalter damit aus dem ethisch-moralischen Bezugsrahmen heraus in eine direktere, unverblümtere, illusionslosere Anschauung des Menschen eintritt, wenn es erkennt, dass sich ein „Webfehler" in unserer Existenz befindet, der uns ungeeignet macht, Frieden in uns selbst, mit den Menschen und unserer Umwelt zu finden?

Das ist der Mensch, der nicht mehr um ein ethisches Bild seiner selbst und nicht mehr um politisch durchsetzbare Erkenntnissysteme ringt, sondern um sein Überleben, seinen Sinn, sein Wesen und Ziel in dieser Welt, oder der diesen Kampf gar schon aufgegeben hat. Er, dieser Mensch, müsste in die Gottesdienste der Kirchen hineinschreien, dass ihn die Flachheit des seit Jahrhunderten gepredigten Schuld- und Vergebungsbegriffs langweilt und kalt lässt, weil in ihm die existentielle Not, die er spürt und für die er nach einem Ausdruck und einer Antwort sucht, weder aufgegriffen noch beantwortet wird. Ihm wird in fremden Formeln Vergebung einer Schuld zugesprochen, unter der er bestenfalls marginal leidet.

Die Kirche scheint immer noch dem Ideal der Schlange des Paradieses zu huldigen, dass der Mensch gut sein könne, wenn er nur wisse, was das Gute sei, und seit Jesus Christus gäbe es, scheint sie zu verkündigen, auch noch die Extrafreundlichkeit Gottes dazu, sich aufgrund des Opfers seines Sohnes bereit erklärt zu haben, über die Fehler, die trotz besseren Wissens dann doch noch passieren, freundlich vergebend hinwegzusehen. Aber darin wird das tief empfundene Entsetzen missachtet und verkannt, dass in dieser Verblendung der Schlange die Menschheit nicht etwa nur in einzelne vergebbare Fehler, sondern in gigantische Orgien von Menschenopfern hineingerannt ist.

Jetzt, beginnend mit den so genannten „68ern", seit diese tief resignative Erkenntnis gegenüber den Selbstheilungskräften der Menschheit in unser Geschichtswissen eingedrungen ist, geht es um ganz andere Fragen: ob sich die Menschen nicht Jahrhunderte lang umsonst um ihre ethische Restauration bemüht habe und ob sie nicht in purer Verblendung immer wieder diese ihre illusionären Ziele aufnimmt. Es geht um die Frage, was für den einzelnen Menschen, so wie er nun einmal ist, die ungeschminkte Möglichkeit sei, sich sinnvoll zu sich selbst und zu dieser seiner Welt zu verhalten. Es geht um die Frage, ob es das überhaupt gibt, was mit „Selbstfindung“ gemeint ist, und ob eine glaubhafte und sinnvolle Chance besteht, dem Abgrund zu entkommen, auf den die Menschheit unaufhaltsam zuzugehen scheint. Dieser Frage, von der nicht nur der Sinn, sondern auch das Sein unserer Existenz abhängt, muss sich die Kirche stellen und möglicherweise, demütig genug, bekennen, dass sie dazu nichts zu sagen weiß.

Wären wir eine Kirche, der es um den Menschen geht, wir müssten wahrlich unsere Tradition, das Evangelium in ethisch-religiöse Kategorien einzufangen, endlich sprengen und begreifen, dass „Sünde“ als der Wurzelbegriff der Todesverfallenheit des Menschen nicht von dessen Willen, nicht von dessen mangelndem Bemühen, nicht von dessen „Schuld“ her zu begreifen ist, und dass diese Todesverfallenheit schon gar nicht mit ethischer Anstrengung, mit sittlicher Moral, mit erkenntnismäßig richtigem Handeln zu heilen ist.

Diesem unfassbaren Widerspruch des Menschen im Menschen muss sich die Kirche stellen, dieser greifbaren und realitätsangemessenen Resignation und Hoffnungslosigkeit der Menschen, der gegenüber der von ihr gepredigte Schuld- und Vergebungsbegriff nahezu eine Lappalie, zumindest aber keine angemessene Antwort ist.

Probleme wie das der Klimaerwärmung, des Wasserhaushalts, des Welthungers sind Fragen, durch welche die Menschen, wir alle, heute „gerufen“ werden, und denen gegenüber wir uns verstecken und auf sie nicht zu antworten wissen. Wer diese Anfragen *nicht* als Anruf hört, muss wahrhaft ein verstocktes Herz haben und glauben, dass diese Welt und Gott in ihr nicht zu uns redet.

Dieses Buch will aufzeigen, in welch tiefgreifendem Wandel wir uns auf dem Weg aus der Moderne in die Postmoderne hinsichtlich dessen befinden, was die Menschen als Not ihrer Existenz erfahren und worauf sie im Tiefsten Antwort suchen. Es will aufzeigen, wo der heutige Mensch gesucht werden muss, wenn von Selbst- und Weltverlorenheit, von Glaube und Erlösung die Rede ist.

Berlin, im Mai 2017
Matthias C. Bettex

Der gesellschaftliche Wandel

Seit geraumer Zeit befinden wir uns in dem Prozess der Auflösung der industriellen Klassengesellschaft und der Bildung neuer Strukturen eines Gesellschaftssystems, das wir noch kaum adäquat beschreiben können. Obwohl die Definition dieses Prozesses so schwierig ist, spüren wir aber dennoch den Wandel, und dann und wann stoßen wir auf Vorgänge, durch die er verstehbar wird. Was damit gemeint ist, will ich in einem ersten Abschnitt beschreiben.

Die 68er-Bewegung

In den Unruhen der 60er Jahre wurde der mittelalterlichen Ständegesellschaft des christlichen Abendlandes und dem sich noch auf sie beziehenden Denken im Forschungs- und Bildungswesen und in der Religion die Kündigung ausgesprochen. Die ältere Generation war gekränkt. Ihre Kränkung lag nicht so sehr darin, dass ihre Leistung nicht gesehen wurde, sondern darin, dass man für die jüngere Generation „die Knochen hingehalten und sich tot geschuftet" hatte und sich nun fragen lassen musste: „Na und? Wofür habt ihr euch so abgeschunden? Was wollt ihr jetzt mit dem ganzen Kram?" Das „System", seine bis dahin unreflektiert gebliebene Ideologie, die Legitimation des Sinnes der Leistungsanstrengungen, ihre innere Motivation, wurden in Frage gestellt.

Aber dieses angeblich „marode" Gesellschaftssystem zeigte sich damals immerhin noch so stabil, dass Rudi Dutschke als geistiger Führer dieser Revolte in einer Art resignativer Ergebung schließlich das Wort vom „Marsch durch die Institutionen" prägte: Das Subjekt mit seinen Sinn- und Identitätsfragen sollte sich in die Vorgaben der objektiven Strukturen dieser Gesellschaft einfügen, weil diese Strukturen sich nicht „im Krieg von außen", sondern nur von innen her verändern ließen. Die neue Generation sollte sich sozusagen ins System hinein verdienen, um in ihm dann als Gärhefe zu wirken und es von innen heraus zu verändern.

Kaum aber war damit die „innere" Infragestellung durch die eigene Zukunftsgeneration notdürftig überstanden, da wurde die Sinnfrage neu „von außen" gestellt. Das Wirtschaftssystem der Industriegesellschaft hatte unhinterfragt den Reichtum und die Verlässlichkeit der objektiven Welt und ihrer Ressourcen vorausgesetzt. Und gerade diese Voraussetzungen begannen nun ihre Fragwürdigkeit zu zeigen.

Erfahrungen wie der Reaktorunfall von *Tschernobyl* zwangen der Moderne die Infragestellung ihres Fortschrittsglaubens auf. Der Soziologe *Ulrich Beck* griff das Ereignis auf und gab ihm öffentliches Gehör durch sein Buch *„Risikogesellschaft“*[3]. Er stellte den Reaktor-GAU als Symbol der Krise der Moderne und ihres Glaubens an die lebensgarantierende Kraft der objektivierenden und erkennenden Vernunft dar.

Der innere Sinn dieses Glaubens-, Kultur- und Gesellschaftssystems, sein bis dahin unhinterfragtes Fundament, hatte damit begonnen, seine Brüchigkeit zu zeigen. Der Reichtum der objektiven Welt, die Sicherheit der irdischen Ressourcen, die Überlegenheit unserer technischen Vernunft und die auf sie gebaute Hoffnung begannen sich als trügerisch zu erweisen.

Worauf konnte man jetzt noch setzen? Eigentlich nur noch auf die Kraft der menschlichen Gemeinschaft, auf ihren Gerechtigkeits- und Freiheitswillen und auf ihre Geschichtsfähigkeit. Aber auch hieran nagte die nächste Welle der Erschütterung: Der Zusammenbruch des „real existierenden Sozialismus“.

Eigentlich hätte man denken sollen, das westliche System des Kapitalismus würde diesen Zusammenbruch als „Sieg eines westlichen über ein östliches Gesellschaftssystem“ feiern und sich seiner Überlegenheit freuen. Aber untergründig teilte sich in diesem Zusammenbruch etwas ganz anderes mit: Die Ideologie- und Geschichtsmächtigkeit der menschlichen Gesellschaft überhaupt wurde fragwürdig.

Zunehmend fragwürdig wurde auch die Annahme, dass das so genannte „westliche“ kapitalistische Wirtschaftssystem allein aufgrund seiner ursprünglich christlichen Werteorientierung, „seines Menschenbildes“ wegen, auch das dem Menschen gerechtere System sei. Es wurde außer Acht gelassen, welchen Einfluss dieses Menschenbild im politischen und sozialen Alltag tatsächlich auf grundlegende, das alltägliche Leben bestimmende Entscheidungen hat. Es wurde kaum hinterfragt, ob denn das „christliche Wertesystem“ überhaupt einen entscheidenden

---

[3] Ulrich Beck, *Risikogesellschaft: Auf dem Weg in eine andere Moderne* (Suhrkamp: Frankfurt a.M., 1986).

Einfluss auf die politischen und wirtschaftlichen Prozesse hat, oder ob es nicht nur ein gut geschneidertes Kleid ist, das sich die eigentlich agierenden Kräfte überziehen. Die reale Situation, dass im Kapitalismus unter dem Deckmantel einer „sozialen" Marktwirtschaft die Schere zwischen den reichen und armen Schichten sich immer weiter öffnet, blieb verschleiert.

Wenn man sich vor Augen führt, wie viele Menschen es einerseits gibt, die sich vom „christlichen" Kapitalismus ausgebeutet, ihrer eigenen Tradition und Kultur und ihrer Ressourcen beraubt, versklavt, verschuldet und im Stich gelassen fühlen, und wie andererseits die wenigen immer reicher Werdenden sich angesichts dieser Massen hinter immer dicker werdenden Mauern verschanzen, dann drängt sich allein aus diesem Scenario die Frage auf, wie gefährdet dieses letztlich ausschließlich profitorientierte System ist und wie lange es noch dauern wird, bis seine Grenzen unter dem Ansturm derer, die um nichts als ihr nacktes Überleben kämpfen, zusammenbrechen.

Nach der Vorstellung von *Karl Marx* sollte das Weltreich des Kommunismus den Menschen auf Erden Frieden bringen. Die Vision dazu hatte er dem prophetischen Buch des *Jesaja* im Alten Testament entnommen. Er meinte entsprechend der Theorie *Ludwig Feuerbachs*,[4] dass in der Religion das eigentliche Wesen des Menschen dargestellt, aber mit seinen positiven und kreativen Teilen als Gott „in den Himmel projiziert" werde. Man müsse diese Projektion aufheben und die von Gott erwartete messianische Zukunft selbst herbeiführen. Man müsse also die Religion verbieten und das eigentlich gemeinte Werk der Religion selbst in Szene setzen. Dadurch würde der Mensch sowohl seine innere Spaltung und Selbstentfremdung überwinden als auch das Gesellschaftssystem hier auf der Erde errichten, in dem die Menschen in Frieden und Gerechtigkeit miteinander und mit der Natur leben würden - genau wie es die Propheten der jüdischen Religion vorausgesagt haben.

Aber schließlich brach dieser gigantische Versuch des Kommunismus wie ein Kartenhaus in sich zusammen. Wer will danach noch darauf setzen, dass solch ein Schicksal nicht jedem die Weltmacht und ihre Ordnung anstrebenden System bevorsteht -

---

[4] Seine Schrift „Das Wesen des Christentums" (1841) gilt als das zentrale Werk seiner Religionskritik. In diesem Werk begründet Feuerbach seine Projektionstheorie.

egal, welcher Mensch es ist, der es fordert oder betreibt? Warum sollte das kapitalistische und aus ihm hervorgegangene weltweite „Marktwirtschaftssystem“ nicht in gleicher Weise an seine Grenzen kommen und an den propagierten Zielen scheitern?

Wer aber wagt bei alledem nun zuzugeben, dass sich alle solche ideologischen Vorstellungen als trügerische Götter erweisen, was das erhoffte Ziel betrifft, eine wohlhabende, befriedete und freie Menschheit aufzubauen, die durch ihre Erkenntnis dessen, was eigentlich „wahr“, „gut“ und „richtig“ für sie ist, nicht nur ihr eigenes Leben, sondern auch das aller zukünftigen Generationen sichert?

Wahrscheinlich darf der heute schon als Narr gelten, der den Glauben an das gesellschaftlich von uns anzustrebende Ziel noch unerschüttert in sich trägt und von ihm her sein persönliches und politisches Handeln motiviert. Denn untergründig ist das Wissen um die sichtbar gewordene Begrenztheit der Herrschaft „des Marktes“ über die Welt schon überall aufgebrochen, nachdem diese Erkenntnis als eine Art Vorahnung in den Unruhen der 68er-Bewegung ihren Anfang nahm. Damals allerdings glaubten die Revoltierenden noch an den „Gutmenschen“, der wir seien, wenn wir nur die Gewalt der Systeme abstellen würden. Aber auch die Naivität dieses Menschenbildes hat sich heute überholt.

Viele Soziologen datierten in diesem Umbruch der 68er das Ende der „Moderne“ und den Beginn der „Postmoderne“.

Zeichen des Wandels

Wenn wir heute, 50 Jahre danach, die derzeitige gesellschaftliche Situation mit jener vergleichen, dann lässt sich erkennen, dass damals tatsächlich ein Prozess in Gang kam, dessen Same in den folgenden Jahren gewachsen und aufgegangen ist: Die traditionellen Wirkmuster in Institutionen, Behörden, Parteien und Kirchen bis hinein in die Familien sind in ihrer Macht gebrochen. Sie sind, anders als früher, dem einzelnen Subjekt gegenüber in einen Zwang zur Legitimation geraten.

Wenn man in meiner Kindheit „zur Behörde“ musste, dann zog man sich „anständig“ an. Obwohl wir zuhause sechs Kinder waren und mein Vater im Gemeinderat saß, war es doch klar, dass die Familie die kleinere und deswegen nachgeordnete Einheit war, und dass der Bürgermeister und das Gemeindebüro die größere, vorgeordnete Einheit des Dorfes vertrat. So war auch klar, wer sich wem zu fügen hatte, und wer auf wessen Anweisungen zu hören und die Bringschuld hatte. Das heute allgemein akzeptierte, wenn nicht schon gar grundlegende Verständnis, dass das Gemeindeamt mir als Bürger eine Dienstleitung zu erbringen habe, wäre damals in Form einer entsprechenden Forderung als „ungehobelte Frechheit" empfunden worden, als mangelnde Erziehung und mangelnde Bereitschaft oder Unfähigkeit, sich in das Allgemeinwesen einzufügen.

Heute entscheidet zuerst das Subjekt, welchem der vorgegebenen Wege eines bestehenden Systems es sich fügen will, oder um es in der Sprache des Marktes zu sagen: welche der vorgegebenen Produkte es kaufen will, und dann fragen die Hersteller und Organisatoren sich, ob und wie sie dieses „Kundeninteresse" befriedigen können. Wir finden also sich auflösende überkommene Strukturen einer institutionell normierten Gesellschaft, und finden zugleich ein neu entstehendes Muster: pluralistisch, jederzeit veränderbar, möglichst flexibel und am Interesse des „Kunden- oder Käuferwillens" orientiert.

Über Führungsstile zum Beispiel wurde in früheren Zeiten kaum geredet: In der traditionellen Hierarchie war klar, wer wem etwas zu sagen hat und wer bestimmt, ob das Gesagte richtig verstanden und der gegebene Auftrag richtig ausgeführt wurde. Das Aufkommen eines „kollegialen", partnerschaftlichen Führungsstils wurde eher bewitzelt. Die Forderung danach brachte einem die Bemerkung ein: „Wat denn nu, Partnerschaft oder Führung?"

Dass wir heute in Rollen, Funktionen, Zuordnungen und sogar wechselnden oder sich überschneidenden Über- und Unterordnungen denken, und dass wir spezielle Schulungen für unterschiedliche Führungsstile je nach Persönlichkeit anbieten, ist noch vor 50 Jahren undenkbar gewesen und hatte den Charakter von Beliebigkeit und Auflösung jeder Verbindlichkeit. Denn Verbindlichkeit wurde nicht als verlässliche Beziehung zwischen Subjekten, sondern als Unterordnung von Subjekten unter Ziele oder Verpflichtungen verstanden, die ihnen allen vorgeordnet waren.

Solch ein neues Vernetzungsgefüge findet seine Quelle primär nicht mehr in der Führungs- und Ordnungsmacht der Institutionen, welche die gesellschaftlich gültigen Werte zu vertreten haben. Sondern es speist sich aus der freien Willkür und verantwortlichen Entscheidung wünschender, planender und denkender Subjekte. Die *Subjekte* sind es, die zur Erfüllung ihrer Bedürfnisse und Selbstverwirklichungspläne Verbindlichkeiten eingehen und dafür die Dienstleistungen der gesellschaftlichen Institutionen und Einrichtungen in Anspruch nehmen. Und an dieser „wabernden Bedürfnisstruktur" (so hätte man früher abschätzig gesagt) wünschender und wollender Subjekte orientieren sich Politik, Wirtschaft und die Welt der Medien.

Ein Politiker sagt heute nicht mehr: „Ich erkenne das und das aus diesen und jenen Gründen als notwendig. Und deswegen werbe ich für diesen Weg um ihre Zustimmung". Das wäre die alte Formulierung eines „anständigen" Staatsmannes gewesen. Sondern heute transformiert er das, was er als richtig und verantwortbar erkennt, in Statements um, von denen er glaubt, dass sie beim Bürger die höchstmögliche Zustimmung erfahren. Darin liegt derzeit der Konflikt zwischen Politik und Bürgerschaft, dass der politische Stil in dem sich vollziehenden Wandel des Weltverständnisses noch nicht angekommen ist, sondern auf „halbem Wege" hängen blieb. Im Sinne des alten „ethischen" Verständnisses „macht der derzeitige Politiker dem Bürger etwas vor", weil er sich zu den „übergeordneten Überzeugungen, Wahrheiten und Werten" nicht stellt - und wird darin abgelehnt. Im „neuen" ästhetischen Verständnis aber kommt er auch nicht an, weil er von scheinbar „überzeugenden Wahrheiten" ausgeht, hinter denen aber seine eigene Person als Subjekt in ihrer Identität unerkennbar bleibt.

Der Zuhörer fragt aber heute: „Warum willst du als Person diesen Weg gehen? Was ist in Wahrheit dein Motiv in der Sache, und wie bringst du es mit deinem subjektiven Selbst- und Weltverständnis zusammen?" Der „neue Wähler" fragt nach Transparenz in Bezug auf die Identität des Politikers, der ihn für seine Sicht gewinnen will.

➔ *Aus sozialwissenschaftlicher Sicht wird erkennbar, dass der Schwerpunkt der Zentrierung unserer Denk- und Handlungsorientierungen sich von den objektiven Strukturen der Institutionen weg zu den wählenden und planenden Subjekten hin verlagert.*

Mit dieser Schwerpunktverschiebung ist untrennbar verbunden, was ich soeben den Schritt von der „ethischen" zur „ästhetischen" Weltanschauung nannte. Denn im ethischen Verständnis wird das einzelne Subjekt den für alle gültigen Normen untergeordnet. Aber die ästhetische Perspektive ist vom einzelnen Subjekt her auf das Ganze gerichtet.

In meinem Leben gibt es eine Erfahrung, an der mir bewusst wurde, wie sehr diese Ereignisse und der in ihnen begriffene beziehungsweise durch sie ausgelöste Wandel auch mich in meiner ganz persönlichen, individuellen Weltwahrnehmung geprägt haben:

> Es war in den 80er Jahren. Auf einer Autofahrt von Karlsruhe nach München stellte ich plötzlich fest, dass ich die Bäume, den Wald, die Natur, den Himmel nicht mehr, wie noch zehn Jahre zuvor, als zeitlos, ewig, unbegrenzt sah. Jetzt sah ich den Prozess des Sterbens und der Vergänglichkeit. Meine Sicht hatte sich verändert; mein Erleben hatte sich verändert. Das Waldsterben, das Ozonloch, Tschernobyl, der Smogalarm, der Ölkrieg, die Ressourcenverknappung, sie alle hatten nicht nur mein Denken, sie hatten mein Wahrnehmen und Erleben, sie hatten *mich* verändert.

Ein *Aspektwechsel* war eingetreten. Ich stand der Natur nicht mehr als einer mich selbst umfassenden Ganzheit, sondern als einer gefährdeten, tödlich *bedrohten Umwelt* gegenüber. Die Mutter Natur, die einmal zugleich auch *als bedrohliche* Umwelt erschien, war gleichsam über Nacht zerbrechlich geworden und nun auf meine Hilfe und Begleitung angewiesen. Ich als Subjekt in meiner Kleinheit dem gesellschaftlichen All und dem Weltall gegenüber, ich war nun gefragt.

Was hat sich in den letzten 50 Jahren verändert?

Wie kann man das, was ich da als persönliche Veränderung erlebte, auf einen allgemeinen Begriff bringen? Was unterscheidet die so genannte „Postmoderne“ von der „Moderne“? Schlagwortartig könnte man es so formulieren:

> *„Vom außen orientierten Denken zum innen orientierten Erleben“.*

So lässt sich das Thema der von *Gerhard Schulze* vorgelegten Untersuchung mit dem Titel „Die Erlebnisgesellschaft“ umschreiben.[5]

---

[5] Gerhard Schulze, *Die Erlebnisgesellschaft: Kultursoziologie der Gegenwart* (Frankfurt a.M., 1995).

„*Erlebnisgesellschaft*": Damit ist eine Gesellschaftsform gemeint, die schwerpunktmäßig unsere heutige gesamtgesellschaftliche Lebensart, unsere Lebensphilosophie, den Stil unseres Lebens und Erlebens umfasst.

Meine Frau sagte vor Jahren einmal: „Bei uns wurde gegessen, damit man wieder arbeiten und das gesteckte Ziel erreichen konnte. Mein Mann aber aß, weil er das Essen und die Gemeinschaft schmecken und genießen wollte! Das war etwas ganz anderes". Damit hat sie genau den Schritt von der außen orientierten Überlebens- zur innen orientierten Erlebnisgesellschaft beschrieben. In der Vor- und Nachkriegsgesellschaft hieß es: „Iss, damit du was leisten kannst! Streng dich an, damit du die gesteckten Ziele (Wiederaufbau, Beruf, Karriere, etc.) erreichst!" Jetzt aber geht es um eine Lebensauffassung, die das erlebende Subjekt selbst ins Zentrum des Denkens und Handelns stellt. Also: „Iss jetzt, wenn du Hunger hast, und lass es, wenn du satt bist. Aber sei dir dessen bewusst, was du isst und mit wem zusammen du gerade isst."

Wenn beurteilt werden sollte, wie schnell ein Auto fährt, wie viel es verbraucht, welche Lasten es befördern kann, dann geht es um ein „außen orientiertes Interesse". So war es noch in den 60er Jahren. Alle können es beurteilen. Eine Gesellschaft, in der es vorwiegend um solche Interessen geht, wäre eine „außen orientierte Gesellschaft". Wenn aber beurteilt werden soll, ob man beim Fahren mit diesem Auto ein gutes Fahrgefühl hat, ob einem die Farbe, die Form und die Innenausstattung gefällt, dann geht es um ein „innen orientiertes Interesse". Das sind keine objektiven, aber auch keine beliebigen Kriterien, sondern eben subjektive (auf den Autokäufer bezogene) Werte. Jeder Käufer muss das für sich selbst entscheiden. Auf diesen Schwerpunkt setzt die „Erlebnisgesellschaft".

Von der Objektivierung zur Subjektivierung

Wenn sich die Verankerung eines Urteils von außen nach innen, vom Objekt ins Subjekt verlagert, dann geschieht damit im Zusammenhang Folgendes: In der außen orientierten Gesellschaft können alle urteilen. Man kann zu allgemeinen Urteilen und so genannten „objektiven" Wahrheitsaussagen kommen. Bei der Innenorientierung dagegen bleibt jedes Urteil, jede Wahrheitsaussage mit dem urteilenden Subjekt verbunden. Ohne diesen Rückbezug auf das urteilende Subjekt wird die Aussage beliebig und wertlos.

Ob das Fahrgefühl gut ist, ob die Farbe, die Form, die Innenausstattung gefällt, das alles sind „Erlebnis-Urteile", die vom erlebenden Subjekt abhängen. Subjektbezogene Urteile erhalten ihren Sinn nur in Bezug auf das innere Maß des urteilenden Subjekts.

Diese Subjektivierung und damit Relativierung des Urteils wird von vielen als ein „Erdrutsch" erlebt. Wenn man darunter den Verlust der Verankerung verbindlicher Werte in „objektiven Tatsachen" versteht, mag das Urteil berechtigt sein. Wenn aber damit gemeint ist, dass in diesem „Erdrutsch" zugleich eine Auflösung jeder werthaltigen Urteilsmöglichkeit gegeben ist, dann ist das falsch. Denn eigentlich handelt es sich nicht um eine *Auflösung* aller Werte, sondern eben um einen *Aspektwechsel*, unter dem sich selbstverständlich aber auch ein Wechsel der entsprechenden Wertestruktur vollzieht. „Aspektwechsel" heißt: Das Standbein wird gewechselt, und daraus ergibt sich eine Sichtweise aus einem anderen Blickwinkel. Von hier aus müssen sich zwangsläufig auch die entsprechenden Relationen und Wertsetzungen verändern.

Eine andere Funktion von Gemeinschaft

In der Moderne ließen sich Gemeinschaften als „Erkenntnisgemeinschaften" oder „Wissensgemeinschaften" charakterisieren. Alle Gemeinschaftsmitglieder hatten eine Überzeugung, ein Wissen - besonders in kirchlichen Gemeinschaften war es deren spezielles „Bekenntnis". Aber auch Vereine und Parteien charakterisieren sich in dieser Weise als Repräsentanten eines bestimmten Erkenntnisspektrums.

In der individualisierten Erlebnisgesellschaft werden allgemeine Erkenntnisse und allgemeines Wissen nun nicht mehr unhinterfragt als gemeinschaftsnormierende Werte hingenommen. Das Sozialwesen orientiert sich nicht mehr an gemeinsamen, a priori anerkannten Wahrheiten der Erkenntnis, sondern das Gemeinsame in der Erlebnisgesellschaft ist die *„Gestaltungsidee eines schönen, interessanten, subjektiv als lohnend empfundenen Lebens".* [6] Wir leben gerade auch in dieser Hinsicht in einem pluralistischen Zeitalter.

Subjektiv als lohnend empfinden kann man nicht, was andere Personen oder Institutionen oder Gelehrte wissen, was aber der

---

[6] G. Schulze, a.a.O., 37.

eigenen Person, der eigenen Sehnsucht, den eigenen Hoffnungen nicht entspricht. Subjektiv als lohnend empfinden kann man nur, was ein vorher gegebenes Bedürfnis, eine Sehnsucht, eine Hoffnung stillt.

➔ *So wird Gemeinschaft für den Einzelnen dadurch wertvoll, dass sie sein subjektives, individuelles Erleben ernst nimmt und fördert.*

Sie entwickelt sich auf der Basis der*Solidarität* zwischen *unterschiedlichen* Subjekten. Von ihnen her entwirft sie sich. Das ist etwas ganz anderes, als von korporativen Verpflichtungen her zu denken, unter die sich alle stellen.

Damit will ich nicht sagen, dass es diese allgemeinen Verpflichtungen nicht mehr gibt, sondern dass sie nicht mehr zur Beschreibung der Identität von Gemeinschaft taugen. Eine Gemeinschaft muss nicht mehr in erster Linie erreichen, dass sich ihre Mitglieder inhaltlich proklamierten Erkenntnissen unterordnen, sondern sie muss erreichen, dass sie ihre Mitglieder in ihrer Unterschiedlichkeit akzeptiert und fördert.

So gesehen erfüllt Gemeinschaft heute ihre Aufgabe dann, wenn die Individuen in ihr unterstützt werden, ihre voneinander unterschiedene Identität zu suchen, zu finden, zu gestalten und zu wahren. Jeder muss *seine* Wahrheit finden, wenn er *die* Wahrheit finden will. Und das Finden der Wahrheit selbst ist ein Weg, der von jedem Einzelnen in subjektiver Betroffenheit gefunden und gegangen werden muss. *Darin* kann und soll ihn die Gemeinschaft unterstützen.

Als Sentenz formuliert:

➔ *Während es in der Moderne noch darum ging, dass der Einzelne der Gemeinschaft dient, so muss in der Postmoderne die Gemeinschaft dem Einzelnen dienen.*

Das hat nichts mit „Egoismus“ im moralischen Sinne zu tun, sondern es entspricht der Logik des erfolgten Aspektwechsels: Wenn die Gesellschaft dem Einzelnen den Weg seiner Identitätsbildung soziokulturell nicht mehr vorgibt und nicht garantiert, wenn also der Einzelne selbst zum Architekten seiner Biographie und Identität wird, dann ist logischerweise auch er es, der darin die Unterstützung der Gemeinschaft braucht. Sie muss ihn in dieser Aufgabe seiner *Identitätsarbeit* beraten, begleiten und stützen.

Ein veränderter Begriff von „Wahrheit"

Gibt es denn dann überhaupt „*eine gemeinsame Wahrheit*"? Extrem formuliert sind in der Erlebnisgesellschaft so viele Wahrheiten vorhanden, wie es mit ihrem Leben zufriedene, das heißt „mit sich selbst *identische* Subjekte" gibt. Jedes Subjekt muss im Leben *seine* persönliche Wahrheit, *seinen* ihm angemessenen und möglicherweise nur ihm allein zukommenden Weg finden.

Dennoch gibt es auch eine gemeinsame Wahrheit. Das Gemeinsame dieser Wahrheit besteht aber nicht in einer für alle gleichen „Erkenntnis", einem „Wissen" oder einer inhaltlich gleichen „Lehre". Die gemeinsame Wahrheit lässt sich zum Beispiel darin beschreiben, dass jemand „in Wahrheit auf seinem Weg" ist. „In Wahrheit auf seinem Weg sein" heißt: „authentisch" sein, was bedeutet: in Übereinstimmung mit sich selbst sein. Es heißt auf dem Weg zu sein, „identisch" in durchsichtiger Ausrichtung auf das eigene Ziel und den eigenen Auftrag, die eigene Berufung.

Diese „innere" Wahrheit ist nicht etwa erst eine postmoderne Erfindung, sondern ein uralter, um nicht zu sagen: ein religiöser Wahrheitsbegriff. Aber er war lange hinter einem aufklärerischen „objektiven" Wahrheitsbegriff zurückgetreten und verdeckt.

Für die christlichen Kirchen liegt hier eine besondere Schwierigkeit. Sie haben „Wahrheit" über Jahrhunderte als „Erkenntnis", als „geoffenbartes Wissen", als allgemeine, von der Kirche verwaltete und für alle gültige „Lehre" definiert. Sie haben vergessen, dass ihre Mystiker genau im Gegensatz dazu auf das Symbol der „dunklen Wolke" hinwiesen,[7] in der Gott sein Volk begleitet. Die dunkle Wolke haben diese als eine „Wolke des Nichtwissens" definiert. Sie haben Wahrheit als eine Begegnung, ja sogar als anschauungsfreie Begegnung mit dem, was das Leben ist, beschrieben.

Die Radikalität des Bruchs zwischen „Moderne" und „Postmoderne" wird am prägnantesten darin deutlich, dass gerade der Wahrheitsbegriff, der die Universalität der Moderne garantierte und mit Vernunft und Wissen, mit Objektivität und allgemeiner

---

[7] Vgl. Hugo M. Enomiya-Lassalle S.J., *Wolke des Nichtwissens*, neu übertr. u. hg. v. W. Massa (Herder: Freiburg, 1999).

Einsehbarkeit verknüpft war, mit dem auch die Kirche (ohne ihn zu hinterfragen) ihre Theologie verband, dass dieser Wahrheitsbegriff sich verflüchtigte und fast unbemerkt durch einen anderen abgelöst wurde, der einen diametral zu ihm stehenden Zugang fordert: „Wahrheit" ist nicht mehr - wie in der Moderne - ein Ding des „Kopfes". Sie wird nicht mehr über Theologie, Philosophie und Wissenschaft vermittelt, sondern sie wird zu einem Ding des „Herzens". Sie wird als „Stimmigkeit", als „Evidenz", als „Ruhe", als „Begegnung", als „Erlösung", als „Berührtwerden", als „Befreiung" und „Befriedung" im „Herzen" erfahren.

➔ *Nicht die Objektivität des Kopfes und der wissenden Vernunft, sondern die Subjektivität des Herzens und seiner Prüfung auf „Stimmigkeit" wird zum Prüfpunkt für Wahrheit.*

Zugang ist nicht das Denken, nicht das wissenschaftliche Hinterfragen, sondern das sinnliche Erleben: Schmecken, Hören, Sehen, Riechen, Fühlen - „verkosten", wie Ignatius von Loyola das nennt: der Weg, um das, was „wahr" ist, zu erfahren.

Scham und Schuld

Häufig wird im Zusammenhang des Übergangs von der Moderne zur Postmoderne auch auf den sich anbahnenden Wechsel von einer „Schuldkultur" der christlich-jüdischen Moderne in die „Schamkultur" der Postmoderne gesprochen.

Der Unterschied wird oft soziologisch oder kulturanthropologisch begründet und in Kriterien beschrieben, die mit den Phänomenen „Schamgefühl" oder „Schuldbewusstsein" eher weniger zu tun haben. Trotz des Versuchs, diese prinzipiell verschiedenen Kulturformen „wertungsfrei" zu unterscheiden, wird in vielen Abhandlungen die Schamkultur als eher primitiv, unaufgeklärt, gemeinschaftsverhaftet, und die Schuldkultur als höher entwickelt, humanistisch reflektiert und individualzentriert charakterisiert. Dabei wird verkannt, dass im Sinne des beschriebenen Aspektwechsels nur entweder die erlebnisunmittelbare Seite der Scham oder die mehr reflexive Seite der Schuld erlebt werden kann. Das heißt: Schuld und Scham sind im psychologisch-existentiellen Sinne zwei einander dialektisch zugeordnete Erfahrungen individuellen Ungenügens. Von ihnen kann je nach der kulturell und reflexiv eingenommenen Perspektive die eine *oder* andere ins Blickfeld treten oder abgerufen werden. „Einander dialektisch zugeordnete Erfahrungsdimensionen" soll dabei heißen, dass im Sinne des beschriebenen Aspektwechsels nur entweder die erlebnisunmittelbare Seite der Scham *oder* die erlebnisreflexive Seite des Sich-schuldig-Fühlens erlebt wird. Die andere Seite tritt dabei zugleich jeweils in den Hintergrund.

Beide aber, sowohl das Schuldempfinden wie das Schamgefühl, bewirken eine Kluft zwischen denen, die sich so erleben, und der Gemeinschaft, auf die ihr Erleben oder ihre Reflexion bezogen ist. Der sich schuldig Fühlende identifiziert sich reflexiv mit denen, die seine Tat aus der Perspektive der Wertegemeinschaft beurteilen. Er sieht sich unter dem Blick der gemeinsamen Ethik oder den Normen des MAN. Dagegen ist der sich in Scham Verzehrende auf sich selbst bezogen. Er erlebt sich abgeschnitten von der Gemeinschaft seines WIR und sieht sich deren Blicken und Beurteilung schutzlos ausgesetzt. Für ihn spielt sich das ganze Erleben des Ausgestoßenseins nicht in Bezug auf die gemeinsame Werteordnung, sondern in Bezug auf die Eingebundenheit in die Gemeinschaft, also als ein Beziehungsgeschehen gegenüber den Menschen ab.

Im Allgemeinen verbinden wir „Schuld“ mit der Übertretung eines ethischen Verbots beziehungsweise der Unterlassung einer ethischen Pflicht. Oder wir verbinden sie mit der appellativen Funktion unseres Gewissens. Damit wird deutlich, dass wir in unserem Schuldempfinden auf die in dieser Gemeinschaft geltenden Werte bezogen sind. Sie repräsentieren sich in dem Schuldigen als Schuldgefühl oder Schuldbewusstsein. Schuld ist Verletzung eines vom Schuldigen wissbaren oder zumindest erschließbaren Gerechtigkeits- oder Gleichheitsprinzips. *Immanuel Kant* hat es dem Sinne nach bekanntlich so definiert: „Handle so, dass das Prinzip deines Handelns jederzeit zur allgemeinen Richtschnur erhoben werden kann“.

In der Schuld wird verletzt, was wir umgangssprachlich das MAN nennen und was wir in der Psychoanalyse am ehesten als ÜBERICH bezeichnen. Der Schuldige ist zur Zeit seines Schulderlebens auf dieses gemeinsame ethische Regulativ bezogen, das er durch seine Tat verletzt hat. Damit steht *nicht* zwangsläufig zugleich die Zugehörigkeit zur gefühlten WIR-Gemeinschaft mit diesen anderen in Frage. Der Schuldbewusste hat sich mit seinem als Schuld bezichtigten Verhalten noch nicht zugleich aus dem WIR der Gemeinschaft, sondern „nur“ aus der in dieser Gemeinschaft gültigen Rechtsordnung gestellt. Das „schlechte Gewissen“ ist sozusagen der Nachhall beziehungsweise die Reflexion dieses Wissens oder Fühlens seines Seins außerhalb der Rechtsordnung.

Ein unter der Armutsgrenze lebender Vater kann zum Beispiel für seine Familie Essen stehlen. In seinem ästhetischen Erleben ist das der Beitrag, den er für die Erhaltung seiner Familie leisten kann. Trotzdem ist ihm bewusst, dass er stiehlt und gegen die Moral verstößt, und, falls er erwischt wird, dafür bestraft werden kann.

Wenn wir dagegen von „Scham" sprechen, so ist ihr Erleben in Bezug auf die Wir-Gemeinschaft nicht durch das Konstrukt einer wirksamen Rechtsordnung vermittelt. Scham ist vielmehr unmittelbar auf die gefühlte Beziehungsebene des WIR selbst bezogen. Der sich Schämende erlebt sich, real oder fantasiert, *sichtbar, sinnlich erfahrbar* aus der Gemeinschaft derer, die sein Verhalten beurteilen, ausgeschlossen. Er erlebt sich ihnen gegenüber als entblößt. Dieses Erleben ist zwar weniger reflexiv als das Schulderleben - darum wird es auch häufiger als „naiv" oder gar „primitiv" beschrieben. Aber deswegen ist es nicht weniger intensiv oder weniger das Zentrum der Person betreffend. Im Gegenteil: Er als Person ist der ihn anklagenden Gemeinschaft gegenüber (ob objektiv oder fantasiert) ungeschützt ausgeliefert. Er ist „an den Pranger" gestellt, ist ihr gegenüber zum ausgegrenzten, mitleidlos betrachteten Objekt geworden.

Ich brauche sicher nicht zu vertiefen, dass die heutige Presse, insbesondere in ihren Boulevardblättern, diesen Pranger der Scham ausgiebig und mitleidlos zu bedienen weiß. Und sie führt zum Schutz vor eigener Nacktheit und der entsprechenden Beschämung immer zugleich das schützende Überkleid „Pressefreiheit" mit sich.

Wenn der oben genannte Familienvater nachhause kommt und dabei zufällig hört, wie seine Frau sich mit einer anderen zusammen über ihn lustig macht, weil er „nur die billigen Sachen nah beim Ausgang klaut und sich nicht traut, einmal was Anständiges zum Essen mitzubringen", dann ist seine Scham getroffen, weil er „öffentlich" als Schwächling gebrandmarkt wurde und den Schutz seines WIR verloren sieht, für das er die gefährliche Mühe seiner Diebstähle auf sich nimmt.

Mit der Verurteilung zum Schuldigen einerseits und der Preisgabe zur Beschämung andrerseits verbindet sich immer ein mehr oder weniger bewusst deklarierter Ausschluss aus der Gemeinschaft. Erst dadurch entsteht das Stigma, welches der urteilenden Gemeinschaft erlaubt, mit dem so Stigmatisierten strafend oder entwürdigend umzugehen.

Dieser vielleicht etwas theoretisch anmutende Umweg über die Differenzierung von Schuld- und Schamerleben ermöglicht nun eine Antwort auf die Frage, warum in der Postmoderne gegenüber der Moderne eher der Schamaffekt in den Vordergrund tritt: Die Moderne hat sich mehr oder weniger bewusst auf die ÜBERICH-Werte (das MAN) als leitendes Regulativ bezogen. Die Postmoderne dagegen hat sich von diesem bis dahin anerkannten Wertesystem verabschiedet. Sie hat sich in ihrem Wirklichkeitserleben nicht mehr auf ein gewusst oder gefühlt gegenwärtiges ethisch begründetes moralisches Wertesystem bezogen, sondern hat sich den gefühlten Werten der unmittelbar erlebbaren Gemeinschaft, und damit dem WIR der Einzelnen, verpflichtet.

Anders als die Moderne glaubt die Postmoderne nicht, dass das egoistische „Raubtier Mensch“ nur durch eine altruistische, ethische Gemeinschaftsordnung zu einem humanen Menschen erzogen und gesteuert werden kann, sondern sie baut im Gegensatz dazu auf den „zu sich selbst befreiten natürlichen Menschen“, der aus sich selbst den guten Kompromiss mit anderen Subjekten findet. Eine Gemeinschaftsordnung muss daher von seinen unmittelbaren, natürlichen und berechtigten Bedürfnissen ausgehen, und sie muss sich das Ziel setzen, jeden Einzelnen in seiner Besonderheit und Unterschiedenheit grundsätzlich zu akzeptieren. An sie als Gemeinschaftsordnung ist daher der Anspruch zu stellen, dass sie den Einzelnen gerade *nicht* entsprechend eines für alle in gleicher Weise geltenden Idealbilds normiert, sondern dass sie für und mit ihm den Platz findet, in dem er seiner Besonderheit entsprechend im Austausch mit den anderen leben kann.

Damit hat die Postmoderne sich aus der distanzierten, objektivierenden Reflexion ethischer Werte heraus und in die gefühlte, sinnlich wahrnehmbare Lebensgemeinschaft hineinbegeben. Diese wird weitgehend durch erlebbare ästhetische Werte wie Lebensgewandtheit, Schönheit, Klugheit, Fairness, Erotik und Macht reguliert. Die Gemeinschaft insgesamt hat dabei zum Ziel, dass jeder in ihr ohne Bevormundung und Manipulation durch die anderen die *„Gestaltungsidee eines schönen, interessanten, subjektiv als lohnend empfundenen Lebens“* verfolgen kann.

In der Schuldkultur der Moderne wäre es zum Beispiel noch kaum denkbar gewesen, dass ein Bundes- oder Ministerpräsident, wie im Fall von *Horst Köhler* oder *Ole von Beust*, sein Amt vor Beendigung der Amtsperiode aus „persönlichen Gründen“

niederlegt, weil das Amt, dem MAN sich unterstellte, über der privaten Person stand. In der Postmoderne hingegen, die das Erleben des Einzelnen und seiner WIR-Gemeinschaft bewusst über das abstraktere MAN und seine normativen Regeln stellt, werden „persönliche Gründe“ zu einem schlagenden, übergeordneten Argument. Indem die Gesellschaft solch einen Vorgang relativ „schweigend“ oder gar „mit Respekt“ quittiert, wird deutlich, dass diese Gesellschaft sich im Sinne einer Schamkultur versteht: Auch das oberste Amt muss sich letztlich den zentralen Interessen seines Amtsträgers unterordnen.

Gemeinsames Ziel: Erlebnisrationalität

Wenn eine Gesellschaft ihr Leben nach dem Kriterium des „subjektiv erfüllten Lebens“ ordnet, dann versucht sie, die Verlässlichkeit des Erlebens zu steigern und seine Wiederholbarkeit zu garantieren. Das erst ist der Widerspruch, in den hinein sich unsere Erlebnisgesellschaft begibt. Fast jeder Werbespot eignet sich, das zu demonstrieren. Irgendein Bier *berührt* alle Sinne, man *hört* es ins Glas strömen, *sieht* seinen Schaum, *spürt* seine Kühle, *riecht* den leicht bitteren Hopfen und *schmeckt* seine herrliche Frische. Es ist ein Rundum-*Erlebnis*. Ob man ein Auto kauft, ein passendes Parfüm sucht, cremigen Jogurt isst oder einen Touristikkatalog ansieht und nicht zuletzt den Esoterik- und Psychomarkt: Alles bietet garantiert tiefes Erleben, echtes Begegnen, wohlige Frische, umfassendes Sich-wohl-Fühlen. *Das ganze Konzept* - und es ist nicht nur ein Werbekonzept, sondern die mehr oder weniger durchgängige Tendenz der Art, wie wir unser Leben gestalten - *läuft darauf hinaus, das Erleben unseres Lebens verfügbar zu machen*, wiederholbar zu machen, zu intensivieren und zu garantieren.

Schulze nannte es das Konzept der *„Erlebnisrationalität“*. Es ist das Konzept der „Machbarkeit erfüllten Lebens“. Darin zeigt sich die Lebensferne, um nicht zu sagen der innere Widerspruch dieser Gesellschaft gegenüber dem Leben. Denn wenn ich das Leben, jedes in seiner Besonderheit und Einmaligkeit, akzeptieren will, dann müsste ich mit ihm in seinen sich mir öffnenden und sich mir verweigernden Aspekten in ein kommunikatives Verhältnis eintreten, um nicht zu sagen: mich ihm hingeben. Die zugleich aber vorausgesetzte oder angestrebte Machbarkeit im Sinne der „Erlebnisrationalität“ geht dem Prinzip nach davon aus, „Leben“, „Gerechtigkeit“, „Sinn“ und „Freiheit“ für den Einzelnen durch Wissen und technische Manipulation herstellen zu können.

Triebkraft: Enttäuschungsrisiko

Der Widerspruch in dem Begriff „Erlebnisrationalität" weist uns auf dieses zentrale Problem erlebnisorientierten Lebens hin: Wenn ich bei einem Guru fünf Jahre meines Lebens darauf verwende, das entscheidende Erleuchtungserlebnis zu erreichen, dieses aber nicht eintritt, was hätte ich dann nicht alles andere Bessere in diesen fünf Jahren tun und erleben können? Wenn ich mich in einer christlichen Gemeinde oder Bruderschaft zum Glauben an Jesus Christus, zur Verantwortung für die Welt und zur Brüderlichkeit gegenüber den Menschen verpflichte, was alles von dem, was diese Welt sonst noch zu bieten hat, könnte mir durch solch eine Verpflichtung verloren gehen? Wie kann ich wissen, ob mich solch eine Entscheidung tatsächlich in ein befriedigendes Verhältnis zu mir selbst und in den Sinn meines Lebens führt?

Die Unsicherheit darüber,

- ob das, was ich im Tiefsten suche, wirklich Leben ist,
- ob sich ein roter Faden zwischen seinen Elementen ergibt,
- ob ich darin erkannt werde als der, der ich bin,
- ob ich die Kraft, die Ressourcen und Chancen habe, das angestrebte Ziel zu erreichen,

das Risiko, das ich *allein* und allein *ich* zu tragen habe, die Angst, die sich damit verbindet, und die hektische Betriebsamkeit, die sie auslöst, dieses alles ist sozusagen die oft unbewusste, negative Kehrseite subjektzentrierten, erlebnisorientierten Lebens.

Dieses *Enttäuschungsrisiko*, das ja erst nach dem geglückten oder missglückten Einsatz endgültig bewertet werden kann, lässt sich zwar „objektiv", zum Beispiel im Warenlieferservice, minimieren („bei Nichtgefallen Geld zurück!"), nicht aber hinsichtlich des subjektiven Einsatzes an Mut, Engagement, Liebe und Zeit. Es *bleibt beim einzelnen Subjekt* und liegt allein in seiner persönlichen Entscheidung.

Das Bestreben, auch dieses Risiko zu minimieren, führt nach Schulze

- zu einer Expansion des Erlebnismarktes, weil die angesammelten Enttäuschungserlebnisse nach immer neueren, tieferen und befriedigenderen („rationalisierten") Erlebnissen suchen lassen, und

- zu einem großen Orientierungsbedürfnis darüber, was es noch für Möglichkeiten der Erlebnismaximierung bei gleichzeitiger Risikominimierung gibt.

Das Bestreben zur Risikominimierung wird zugleich auch zu einem Motiv zur Gemeinschaftsbildung. In der Suche nach Gemeinschaft geht es hauptsächlich

- um das Verlangen nach Austausch, Prüfung und Bestätigung der Sinnhaftigkeit des persönlich eingeschlagenen Weges durch das Aufsuchen „sozialer Akzeptanz“ und
- um die Stillung des Bedürfnisses nach „Vergewisserung“ - in dem Sinne: „Wie erfahre ich, dass, was ich bin und lebe, wirklich ICH bin?“

Unter diesem Gesichtspunkt entspringt der Impuls zur Gemeinschaft dem untergründigen Bedürfnis, das Enttäuschungsrisiko zu mindern und dem Verlust seiner Selbst vorzubeugen, oder, positiv formuliert: er entspringt der Sehnsucht, „erkannt“, in dieser Sehnsucht bestätigt, und auf dem Weg zu ihrer Erfüllung begleitet zu werden.

Die Relevanzkrise der Kirchen

Ich will mich in diesem Buch nicht zu viel mit allgemein interessierenden Themen des Lebens in der Postmoderne beschäftigen, sondern mir geht es darum herauszufinden, wie christlicher Glaube in dieser postmodernen Welt artikuliert und gelebt werden kann.

„Jesus Christus“: Ist das ein Mythos, ein Archetypus, eine Lehre, ein Programm? Nein, Jesus Christus, das ist ein Mensch, von dem die Evangelien sagen, er sei die Antwort oder gar Erfüllung aller dieser geistigen Visionen und Entwürfe. Er ist ein Mensch. Aber so wie *er* Mensch ist, ist er zugleich Gottes Sohn. Von diesem Jesus spreche ich.

Aber auch von der Welt möchte ich sprechen. Ich will unter dem Aspekt von dieser Welt sprechen, den wir „Gesellschaft“ nennen. Die Kirchen sind ein Teil dieser Gesellschaft. Sie konstituieren sich als „Erkenntnisgemeinschaften“. Als solche sind sie „diesseitige“ Einrichtungen, Vereine, Institutionen. Aber hinter ihnen als solchen verbirgt sich, dass sie ihre ursprüngliche Kraft aus der Antwort von Menschen auf diesen Jesus bezogen haben, den sie so, wie er Mensch ist, als Sohn Gottes zu erkennen glauben.

Die Kirchen sind heute in eine fundamentale Krise geraten. Man spricht von der „Relevanzkrise der Kirchen". *Relevanz*-Krise, weil sie, die doch angeblich eine wichtige Botschaft zu vermitteln haben, von einem großen Teil unserer Gesellschaft zurückgemeldet bekommen, dass diese ihre Botschaft für den heutigen, den postmodernen Menschen, ohne Belang, ohne Relevanz ist.

Diese Botschaft und die darauf erfolgende Rückmeldung möchte ich genauer ansehen. Dazu will ich es bei der mehr gesellschaftlichen Definition der Kirchen belassen, obwohl Kirche ihrem *Wesen* nach eigentlich nur verstanden werden kann als jene Antwort auf Jesus.

Ich bediene mich der Charakterisierung von Gesellschaftstypen, wie sie *A.S. Tomars* 1964, also gerade zu Beginn des Umbruchs, vorgelegt hat.[8] Damit möchte ich zeigen, wie auch die Kirche (als Sammelbegriff aller soziologisch als sich vom „Christlichen" ableitenden Erkenntnisgemeinschaften) in einem jeweils gesellschaftlich determinierten Umfeld ihre Gestalt wandelt.

In einem weiteren Schritt werde ich den Gedankengang dann in der Begrifflichkeit *Gerhard Schulzes* mit seinem viel zitierten Buch „Die Erlebnisgesellschaft" darstellen. Dort hat er die Ergebnisse theoretischer und empirischer Studien zusammenfasst.

Beide Sichtweisen können uns helfen, aus soziologischer Perspektive genauer zu verstehen, was es mit dem Umbruch von der modernen zur postmodernen Gesellschaft auf sich hat und warum die Kirchen (im Plural) gerade in diesem geschichtlichen Umbruch in eine „Relevanzkrise" geraten sind.

Kognitive Systeme

„Korporative" und „kompetitive" Gesellschaft

Tomars beschreibt zwei unterschiedliche Gesellschaftstypen oder Gesellschaftssysteme, die korporative und die kompetitive Gesellschaft. Der *korporative* Gesellschaftstyp ist sozusagen der ältere Gesellschaftstyp, auf den bezogen sich auch die Kir-

---

[8] A.S. Tomars, Fine Arts and Social Stratification, in: Rainer Wick, Astrid Wick-Kmoch, *Kunstsoziologie* (DuMont: Köln, 1979).

chen als Teil dieser korporativen Gesellschaft zu verstehen suchten. Als religiöse Institutionen haben die Kirchen diesen Gesellschaftstyp nicht nur mitgeprägt, sondern ihm auch eine religiöse Begründung und Verwurzelung gegeben, und sie haben zugleich bestimmte Voraussetzungen dieses Gesellschaftstyps in ihre theologische Diktion, Denkweise und Argumentation aufgenommen. Diese Verwobenheit der kirchlichen Lehre mit einem bestimmten Gesellschaftsverständnis hat sich teilweise so ausgewirkt, dass bestimmte Kirchen sich in ihrer Lehre und in ihrem Selbstverständnis unmerklich mit diesem ihrem Gesellschaftsverständnis verbanden und von ihm her und auf seinem Hintergrund ihre Botschaft und Lehre entwickelten.

Die korporative Gesellschaft

Im mittelalterlich geprägten korporativen Gesellschaftstyp finden sich die Menschen in einer fest gefügten, schicksalhaft gegebenen, gewachsenen sozialen Situation vor. Sie begreifen sich als Teil eines Gemeinschaftsleibes und beziehen den Sinn ihres Lebens aus ihrer Funktion in dieser Gemeinschaft. „Korporativ" ist dieser Gesellschaftstypus insofern, als die Individuen danach streben, den ihnen zugewiesenen Platz im statischen Zusammenhang ihrer Gruppe auszufüllen. Sie wollen sich durch ihre Lebenspraxis die überlebensnotwendige Zugehörigkeit zur Gemeinschaft sichern. Als gemeinsame Überzeugung kann man in diesem Gesellschaftstyp die Wichtigkeit der Vergegenwärtigung von Normen, Mythen, religiösen Überzeugungen ansehen und das Festhalten an systemkonformen sozialen Handlungsmustern. Durch sie wird die Identität der Gemeinschaft garantiert. Alle zu ihr gehörigen Glieder bilden ein gemeinsames ÜBERICH aus: das, was MAN als Mensch und Christ zu tun oder zu lassen hat, und der Einzelne ist in der Weise auf die Gemeinschaft bezogen, dass er versucht, diesem MAN zu entsprechen.

Dass die Kirchen, insbesondere die katholische Kirche und viele fundamentalistisch orientierte Christen, noch heute an diesem mittelalterlichen Gesellschaftsbild hängen, hat wohl damit zu tun, dass die paulinische Begrifflichkeit von der „Gemeinde als Leib" diesem korporativen Bild sehr nahe kommt, um nicht zu sagen, es wesentlich mitgeprägt hat, und dass *Paulus* im 13. Kapitel des Römerbriefs versucht, die staatliche Ordnungsstruktur nach dem korporativen Strukturschema zu deuten.[9]

---

[9] Römer 13, 1-7.

Es scheint schwierig zu sein, sich von solch einem Gesellschaftsbild zugunsten einer zeit- und realitätsgemäßeren Wahrnehmung heutiger Verhältnisse zu verabschieden oder es zumindest doch zu relativieren. Solange aber dieser Schritt nicht geleistet werden kann, wird der Zugang der Kirchen zu heutigen Gesellschaftsproblemen, wie wir sie unter dem Arbeitsbegriff „Postmoderne“ zu erklären versuchen, weitgehend versperrt bleiben.

Die kompetitive Gesellschaft

Wenn wir in der Entwicklung der Gesamtgesellschaft einen Schritt weiter zu einem moderneren Gesellschaftsbild gehen, so bietet sich dafür das Schema der *„kompetitiven Gesellschaft“* an, wie es noch heute in weiten Kreisen unserer „Leistungsgesellschaft“ vertreten wird. Ein wichtiges Merkmal dieses Gesellschaftsbildes besteht darin, dass die Großgruppen zwar hierarchisch geschichtet sind, aber diese Schichtung wird nicht mehr religiös, sondern statusmäßig begründet, und der Status wiederum über die gesellschaftliche „Leistung“ eines Standes, einer Familie oder sogar einer einzelnen Person. Der Begriff des „Berufs“ im Sinne einer Berufung zum Dienst in Gesellschaft und Welt ging als reformatorischer Same nach und nach auf und schuf in der modernen Industriegesellschaft solch einen Ausdruck der Welt- und Gesellschaftsfähigkeit: Wer leistungswillig und moralisch, das heißt in den geltenden Gemeinschaftsordnungen zu Hause und von Gott gesegnet ist, kann zumindest in seinem Stand, aber auch darüber hinaus Wohlstand erwirtschaften. Seine Ausgangsposition ist durch den Stand, Fleiß und Segen seiner Vorfahren bestimmt. Aber seine demgegenüber abweichende Endposition hat hauptsächlich mit seinem eigenen Leistungseinsatz zu tun. Seine Moral, sein Fleiß und seine Leistung sind die Potentiale, über die er seine persönliche Statusverbesserung in dieser Gesellschaft betreiben kann.

Insbesondere die evangelische Theologie hat sich bemüht, den mit der Moderne aufbrechenden Konflikt zwischen dem korporativen Welt- und Theologieverständnis einerseits und der Vernunfts- und Wissenschaftsidee als einer „Religion der Moderne“ andrerseits zu schlichten, und sie hat als so genannter „liberaler Protestantismus“ maßgeblich an der Entwicklung dieses modernen kompetitiven Gesellschaftsbildes mitgewirkt. In diesem definiert sich der Einzelne immer noch von der Gesellschaft her, nämlich von seinem Status, den er in ihr besitzt, und den er auszufüllen oder zu verbessern hat. Aber zugleich ist an ihm, seinem Fleiß und seiner Rechtschaffenheit viel, wenn nicht alles gelegen. So findet er als Mensch in der Gesellschaft und auch als Christ in der Gemeinde seine Legitimation zunächst zwar als deren eingetragener oder getaufter „Bürger“, erweist sich aber dieser Bürgerschaft erst darin „würdig“, dass er sie durch Fleiß und Rechtschaffenheit in seinem „Beruf“ aktualisiert beziehungsweise „verdient“.

Der kompetitive Gesellschaftstyp dürfte den Hintergrund für das bilden, was in*Schulzes* „Trivialschema“ unter der Kennzeichnung „Integrationsmilieu“ auftaucht.

Die Milieuformen und ihre Charakterisierung

Nun aber schiebt sich unter den Schollen dieser älteren korporativen und der jüngeren kompetitiven Gesellschaft schon wieder ein neuer Gesellschaftstyp hervor: die „Erlebnisgesellschaft“. Sie definiert sich *nicht* als ein geistiger Gemeinschaftsleib, dessen Ordnung aus *transzendenten* Vorgaben in strikter Hierarchie abgeleitet wird - wie das *korporative* Schema. Sie definiert sich auch *nicht* mehr durch den sozialen Status, den Besitz von ökonomischen Ressourcen oder die Verpflichtung eines gesellschaftlich definierten Berufs - also weiterhin außenbestimmt, wie die *kompetitive* Gesellschaft. Sondern sie beginnt auf der Stufe des „genügenden Wohlstands“ und findet die Welt als einen Markt unbegrenzter Möglichkeiten vor.

Das Individuum in ihr ist freigesetzt von allen in den vorigen Gesellschaftstypen gegebenen Vorgaben an Religion, Familie, Schicht und Stand, ebenso freigesetzt von den ökonomischen Zwängen, denen die Nachkriegsgeneration ausgesetzt war. In dieser Freiheit zur Selbstbestimmung muss jedes Individuum für sich selbst das Ziel und Maß seines Lebens, seines Ortes in Welt, in der Gesellschaft und in seinen persönlichen Beziehungen finden und bestimmen.

Alles geht jetzt darum, dass ich die Person werde, auf die ich meinem Wesen nach angelegt, zu der ich berufen bin. Die zentralen Fragen lauten: „Wer bin ich, wer will ich sein? Wie muss ich sein, dass ich werde, wer ich bin? An welchem Ort unseres prozessualen Gesellschaftsgefüges darf oder muss ich mich platzieren, wenn ich mich selbst nicht verlieren, sondern verwirklichen will? Welche Beziehungen passen dazu? Welche muss oder will ich knüpfen, pflegen oder aufgeben?“

Die metaphysische Verwurzelung der *Erlebnisgesellschaft* geschieht logischerweise nicht mehr dadurch, dass die physische und für alle erkennbare Welt fast selbstverständlich auf die metaphysische, jenseitige oder geistige Welt bezogen wird, sondern nun ist fast ebenso selbstverständlich die Frage akut geworden, wie eine Verwurzelung des *Subjekts* und seines *Erlebens* durch seine *transzendentale, nämlich in ihm selbst sich ereignende* „Überschreitung" seiner Begrenztheit stattfinden kann.

Die *Erlebnisgesellschaft* fragt also nicht mehr: „Wie bekomme ich Bezug zu dem Gott, der zunächst jenseits unserer Welt ist?" Dieser jenseitige Gott wurde in unserer Welt durch die Organisation Kirche wie auch „in der Welt" repräsentiert. In ihm war die Ordnung unserer Gesellschaft letztlich begründet. Man musste also seine Rolle in dieser Gesellschaft „richtig" oder „sinnentsprechend" ausfüllen, um in seiner Berufung Identität erreichen zu können.

Die *Erlebnisgesellschaft* fragt hingegen: „Wie kann ich meine Subjektivität transzendieren?" Wie kann ich innere Gewissheit darüber erlangen, wer ich bin? Es geht um die Gewissheit, dass ich gemeint und wie ich gemeint bin. Ich kann mich in dieser Welt nur verwirklichen, wenn ich das Potential erkenne und ausschöpfe, das in mich gelegt ist, und wenn ich den Ort erkenne, an dem ich gebraucht werde, und die Aufgabe, auf die hin ich gemacht bin.

Wie kann ich mich selbst und meine Bestimmung finden? Wie muss ich mich in der Welt positionieren? Wie kann ich mich in sie einbringen, ohne mich in ihr zu verlieren? Solche Fragen hatten im Ansatz der Moderne grundsätzlich keine oder eine nur nebensächliche Bedeutung. Aber in dieser neuen Gesellschaft und darin auch in der Kirche wendet sich das alte Maß einer „außenbestimmten" Ordnung der „innenbestimmten" Welt des Erlebens zu.

➔ *Die Kirche kann darum, im Interesse ihres eigenen Überlebens, nicht anders, als von einer außen verankerten zu einer innenorientierten, von einer dogmatisch-evangelistischen zu einer seelsorgerlich-mystischen Kirche zu werden. Sie muss den Aspektwechsel mitvollziehen.*

Anders kann sie in dieser Gesellschaft nicht weiter Wegbegleiter und Hirte bleiben.

Weil es wichtig ist, diesen Aspektwechsel zu verstehen, stelle ich ihn noch genauer in der kultursoziologischen Begrifflichkeit *Schulzes* dar. Er beschreibt fünf unterschiedliche Milieuformen. Ich werde charakterisieren und herausarbeiten, was zum Verständnis des Umbruchs unserer Gesellschaft und damit auch unseres Themas „Relevanzkrise der Kirche“ beitragen kann.

	alt			neu	
	Trivialschema		Hochkulturschema	Spannungsschema	
Milieu:	Harmonie	Integration	Niveau	Selbstverwirklichung	Unterhaltung
Primäre Perspektive	Gefahr	soziale Erwartung	Hierarchie	[Identität][10]	Bedürfnisse
Existentielle Problemdefinition	Streben nach...				
	Geborgenheit	Konformität	Rang	Selbstverwirklichung	Stimulation
Genussroutine	Gemütlichkeit	[Einigkeit]	Kontemplation	[Selbsterfahrung]	Action
Distinktion[11]	antiexzentrisch			antikonventionell	
		antibarbarisch			
Lebensphilosophie	Harmonie			Narzissmus	
		Perfektion			
Verankerung	weltverankert			ichverankert	

Tabelle 01: Die Milieuformen und ihre Charakterisierung

Die Tabelle zeigt oben die Namen der fünf Milieuformen, die ich vorstellen will. In den ersten drei Spalten werden die „alten“ Milieuformen charakterisiert: das Harmoniemilieu, das Integrationsmilieu und das Niveaumilieu. Die zwei rechten Spalten zeigen die „neuen“ Milieuformen: das Selbstverwirklichungs- und das Unterhaltungsmilieu. Die ersten zwei Milieuformen (Harmoniemilieu und Integrationsmilieu) fasst *Schulze* zum „Trivialschema“ zusammen, die zwei rechten Spalten zum „Spannungs-

[10] Die Begriffe in Klammern sind von mir ergänzt.

[11] Abgrenzung.

schema“. Zwischen diesen beiden steht in der Mitte als eine Art Orientierungsachse das „älteste“ Milieu unserer Kultur, das Niveaumilieu. Auch hinter diesem liegt ein Schema, das *Schulze* „Hochkulturschema“ nennt. In der linken Spalte stehen sechs Gesichtspunkte, unter denen die Milieuformen beschrieben werden.

Ich beginne mit den drei etablierten oder „alten“ Milieuformen in der Reihenfolge ihres „Alters“: Niveaumilieu, Harmoniemilieu, Integrationsmilieu, und grenze diese dann gegen die zwei „neuen“ ab: Selbstverwirklichungsmilieu und Unterhaltungsmilieu. Jede Milieuform werde ich unter den drei Gesichtspunkten

- Genussroutine,
- Abgrenzung und
- Lebensphilosophie

beschreiben.

Hochkulturschema: Niveau

Historisch ist dieses Schema vor allem von *Tomars'* „korporativem Gesellschaftstyp“ her geprägt.

Genussroutine

Im Genussschema des Niveaumilieus geht es wesentlich um „Kontemplation“: Zurücknahme des Körpers, konzentriertes Zuhören, stilles Betrachten. Thema ist das Entdecken von Mustern, Sinnzusammenhängen, Herstellen einer kontemplativen Beziehung zwischen dem Subjekt und dem ästhetischen Gegenstand (Bibeltext, Predigt, Bild, Gedicht, Musikstück etc.).

Die innere Tendenz zielt darauf ab, sich durch die Konzentration auf den ästhetischen Gegenstand über sich selbst hinausführen zu lassen oder gar zu einer unmittelbaren Vereinigung mit dem Göttlichen zu kommen.

Im Hochkulturschema wird im Kern in einer mehr oder weniger ausgestalteten Hierarchie von Werten gedacht. Äußerlich drückt sich das darin aus, dass das Rangniedrigere auf das Ranghöhere bezogen wird und von ihm her seinen Glanz, von ihm her auch das Urteil über seinen Wert, sein „Gutsein“ oder „Schlechtsein“ erhält. Der Mensch bezieht das Tier auf sich und sich selbst auf Gott; der Angestellte bezieht sich auf den Direktor und der auf den Aufsichtsratsvorsitzenden, der Priester auf den

Bischof und der auf den Papst, der Student auf den Assistenten und der auf den Professor.

Abgrenzung

In der Distinktion geht es darum, *wem gegenüber* sich dieses Milieu, das sich auf eine offenbare oder geheime Bezogenheit auf das Höchste beruft, versteht und *abgrenzt*.

Das auf das Hochkulturschema bezogene Bildungsbürgertum grenzt sich von den Ungebildeten ab, die in der „selbstverschuldeten Unmündigkeit" steckengeblieben sind. In dieser Abgrenzung steht der verfeinerte, kultivierte Gebildete dem bornierten, rohen „Proleten" gegenüber. „Anstatt die Sportschau anzusehen, wozu man eigentlich Lust hätte, ist man es sich selber schuldig, aufs Dritte Programm zu schalten, wo Wozzeck von Alban Berg übertragen wird - schlimm genug, dass man überhaupt fernsieht."[12]

Innerhalb der Kirchen zeichnet sich das Hochkulturschema am deutlichsten in den mehr liturgisch geprägten Gottesdiensten ab, etwa in der Katholischen Kirche, in welcher durch viele Zeichen (die lateinische Sprache, die Liturgie, die Gewänder, die Weihehandlungen, die Interpretation des Priestertums) ständig auf die Anwesenheit des Göttlichen im Menschlichen, die Transzendenz in der Immanenz hingewiesen wird. Der Mensch wird zugleich an seine Sterblichkeit und an die Notwendigkeit erinnert, sich selbst zu transzendieren. Das abbildliche Irdische wird in Beziehung zu dem urbildlichen Himmlischen gesetzt und erhält von ihm her seinen Sinn.

Lebensphilosophie

Auf dem Boden einer Vollkommenheitssehnsucht entwickelt sich eine Lebensphilosophie der Annäherung an diese Vollkommenheit.

> „Auf den allgemeinsten Nenner gebracht, lässt sich die gegenwärtige Lebensphilosophie des Hochkulturschemas als Philosophie der *Perfektion* bezeichnen. In dieser Philosophie ist sowohl das Positive aufgehoben, die alte Idee der Vereinigung mit dem Göttlichen, wie das Negative, der Abgesang auf Gott, Mensch, Gesellschaft. Die Auf-

[12] G. Schulze, a.a.O., 145.

merksamkeit der Perfektion bleibt dem Inhalt gegenüber neutral."[13]

Die Tendenz ist, dem Göttlichen durch mehr oder weniger kontemplative, ästhetische, intellektuelle oder auch ethische Perfektion näher zu kommen. Das Ansinnen dieser Approximation kann dabei so aussehen, dass es tatsächlich noch als Annäherung an Gott verstanden wird, oder so, dass in einer Art Selbstvergöttlichung die Zielposition der denkbaren Hierarchie angestrebt wird, für die der Platzhalter „Gott" nur als Metapher beziehungsweise als projiziertes Selbstbild steht.

Trivialschema: Harmonie und Integration

Dieses Schema steht dem Hochkulturschema in Gestalt des kleinen und mittleren Bürgertums der Industriegesellschaft gegenüber. Besonders im „Integrationsmilieu" sind eher die Denkschemata des kompetitiven Gesellschaftstyps *Tomars*' repräsentiert.

Genussroutine

Im *Harmoniemilieu* geht es um Essen, Trinken, Herzlichkeit, gemeinsames Bewegtsein nach leichten und einfachen Rhythmen. Schunkeln, Mitklatschen, Zuprosten ist erlaubt. Man darf sein und sich bemerkbar machen, egal, ob man dick oder dünn, groß oder klug ist. Verse reimen sich, Texte sind mit Bildern versehen, Rhythmen sind auf den ersten Taktschlag betont.

Diese Gemütlichkeit wird im Harmoniemilieu gegen eine eigentlich feindliche Welt gefeiert, gegen „die da oben, gegen die wir sowieso nichts machen können", und gegen das feindliche Schicksal, das bald diesen und bald jenen trifft.

Das *Integrationsmilieu* nimmt eine Art Mittelstellung zwischen Niveaumilieu und Harmoniemilieu ein. Es ist das Milieu einer „gehobenen Bürgerlichkeit". Auch dort spielt „Gemütlichkeit" eine große Rolle. Sie nimmt aber eine andere, nicht so leibnahe Form an. Es geht mehr um Konformität, um Toleranz und das, was „man" tut. Darin drückt sich ein Bedürfnis nach einer befriedeten Welt, nach Eingebundensein, nach unkompliziertem Gemeinschaftserleben aus. Man orientiert sich an den Erwartungen der anderen, weil man sich in einem so orientierten Tun als

[13] Ebd., 149.

„zur Gemeinschaft gehörig" erlebt und Bereitschaft signalisiert, die Einheit zu wahren.

> „Erlebnisparadigma ist die nette Runde. [...] Die nette Runde vermittelt das Gefühl des Dazugehörens, dessen wechselseitige Versicherung das eigentliche Thema der Unterhaltung ist. Es dominiert die Bestätigung: 'Ja', 'das geht mir genauso', 'aha', 'interessant', 'das finde ich gut', 'ich auch' usw. [...] Der Topos der netten Runde ist einem gemeinsamen Haus vergleichbar, zu dem jeder ein wenig beiträgt, um Wohnrecht zu erhalten; Freundlichkeiten sorgen für ein angenehmes Raumklima."[14]

Abgrenzung

Sowohl im Harmoniemilieu als auch im Integrationsmilieu besteht eine auffällige Distanz zum *Spannungsschema*., zu dem das *Selbstverwirklichungsmilieu* und das *Unterhaltungsmilieu* gehören. Diese beiden Milieus sind „neuere Entwicklungen", die mit der Erlebnisgesellschaft entstanden sind. Während das Harmoniemilieu sozusagen aus der Arbeiterklasse hervorgegangen ist und das Integrationsmilieu sich aus dem mittleren Bürgertum der Handwerkerstände entwickelte, bilden sich im Spannungsschemas zwei Milieuformen heraus, deren Bedürfnis nach „Action", nach Selbstinszenierung, nach antikonventioneller „Power" und narzisstischem Selbsterleben, kurz: deren exzentrische Lebenshaltung vom Harmonie- und Integrationsmilieu gleichermaßen abgelehnt wird.

Im *Harmoniemilieu* als ursprünglich unterster Bildungsschicht herrschte eine fast paranoid-misstrauische Tendenz einer prinzipiell gefährlichen Welt gegenüber. Heute in der Erlebnisgesellschaft geht es dabei nicht mehr so sehr um die existentielle Gefahr oder Not der Armen und Arbeitslosen, sondern die Geborgenheit einer in sich geordneten „kleinen Welt" wird gesucht als Gegenstück zu der unwirtlichen und unüberschaubar gewordenen „großen Welt".

Das *Integrationsmilieu* ist nicht nur *antiexzentrisch* gegen das Fremde und Unkonventionelle gerichtet, sondern auch *antibarbarisch* gegen das Niedrige und gegen die rohe Gewalt. Im Wandel zur *Erlebnisorientierung* wird die Konformitätssuche dieses Milieus immer mehr als eine Integrationsleistung verstan-

---

[14] Ebd., 307.

den, welche durch die Nichtkonformen (Exzentrischen und Barbarischen) gestört und gefährdet wird. Das *Integrationsmilieu* ist insofern mehr „wertorientiert“ in seiner Geborgenheitssuche als das Harmoniemilieu. Es sucht weniger gefühlsmäßig den Rückhalt in der kleinen familiären Welt als die Konformität einer Gemeinschaft, in der auf Konventionen Verlass ist.

Zentrales Beispiel für die tiefgehende Verwurzelung der Geborgenheitssuche ist die alljährlich neu durch alle Haushalte und Betriebe gehende Anstrengung, einmal im Jahr eine „Weihnachtsfeier“ zu organisieren, an der, zumindest für ein paar Stunden, die Utopie eines möglichen Friedens zwischen den Menschen vor dem Hintergrund ihrer vorausgehenden ehrlichen Anstrengungen als angeblich realistisch erreichbar dargestellt wird.

Wie deutlich sich solch ein Milieu unbewusst gegen Dritte abgrenzt, geht aus folgender Episode hervor:

> Eine evangelisch freikirchliche Gemeinde kündigte in ihrer Teestube einen offenen Abend an, an dem ein Gespräch zu dem Themenkreis stattfinden sollte, wie die Kluft zwischen der Gemeinde und dem postmodernen Menschen überbrückt werden kann. Ein Student erzählte mir, er sei zwar Christ und Baptist, aber er könne es in der Gemeinde nicht aushalten, weil er den Eindruck habe, sie wolle ihn von der Welt, zu der er gehöre, die er liebe und faszinierend finde, abspalten. In diesem offenen Abend sähe er aber eine Chance, das mal klar zu sagen und zur Diskussion zu stellen. Allein habe er aber nicht so recht den Mut dazu. Ob ich ihn begleiten würde? Wir fuhren gemeinsam mit dem Auto zur Teestube. Auf der Straße vor dem Lokal hielten wir an. Wir konnten in die großen Fenster hineinsehen. Mehrere Gruppen saßen um Tische herum. Kerzen brannten. Tee wurde ausgeschenkt. Die Anwesenden sahen so aus, als ob gebetet oder in Betroffenheit über ein Thema nachgedacht würde. In den Fenstern waren Eine-Welt-Artikel ausgestellt. Das Ganze vermittelte eine Atmosphäre intimer Vertrautheit, wie eine Weihnachtsstube, fast wie eine ferne Welt. Etwa eine Minute sahen wir uns das schweigend an. Dann sagte er: „Was soll man da machen? Es hat keinen Zweck! Die fragen, wie sie einen erreichen. Was soll man da sagen? Man müsste auf den Tisch springen und die Teekanne an die Wand klatschen. Aber das würden sie nicht verstehen, und das will man ja auch gar nicht. Die sind einfach auf einem anderen Stern.“ Wir schauten noch eine halbe Minute. Dann sagte er: “Ich brauch‘ da nicht mehr rein. Ich hätt‘ jetzt Lust auf ein Bier!“

Wir hatten atmosphärisch genau das erlebt und bestätigt gefunden, was er mir vorher nur in Worten zu erklären suchte: Er könne es in der Gemeinde nicht aushalten, weil er den Eindruck habe, sie wolle ihn von der Welt abspalten. Die so gestaltete stille Weihnachtszimmeratmosphäre brachte das, was er meinte, auf den Punkt. Hier konnte er nur eintauchen und verschmelzen oder flüchten, nicht aber mehr *begegnen.*

Lebensphilosophie

Schulze zitiert zur Charakterisierung solcher Trivialszenen Bölls deutsche Familie, die täglich Weihnachten feiern muss, weil die Mutter übergeschnappt ist, und folgert:

> „Wir sind alle eine große Familie, haben keine Probleme, passen wunderbar zusammen. Erzählschemata sind notorisch auf Happy Ends angelegt, Musikstücke auf den Schlussakkord, Veranstaltungsformen wie etwa das Fernseh-Familienquiz aufs Beifallklatschen, wenn der Showmaster das Signal gibt: ‘Das war wirklich super’. Kehrseite dieser Lebensphilosophie der Harmonie ist eine Angst vor allem Neuen, Unbekannten, Konflikthaften, ein Misstrauen gegenüber der Welt jenseits der kleinen geordneten Mikrokosmen des Trivialschemas.“[15]

> „Dieser Angst vor einer unharmonischen Wirklichkeit [...] korrespondiert die Suche nach Harmonie im Kosmos der vorgestellten Wirklichkeit. [...] Je mehr man sich an die heile Welt gewöhnt, desto unfähiger wird man, mit der wirklichen Welt umzugehen und desto mehr erschreckt sie einen.“[16]

Genau das hatte der junge Baptist erfahren: Er wusste, wie unfähig ihn diese seine Kinderwelt gemacht hatte, erwachsen zu werden und mit seiner wirklichen Welt umzugehen. Und selbst jetzt noch lähmte sie ihn. Er konnte sich nur von ihr abwenden, statt sie in einer Auseinandersetzung zu überwinden.

Spannungsschema: Selbstverwirklichung und Unterhaltung

Die „neuen“ Existenzformen, die *Schulze* unter dem Begriff *Spannungsschema* zusammenfasst, bilden sich in einer auf die

---

[15] Ebd., 153.

[16] Ebd., 299.

Technik und das Machbare ausgerichteten Welt auf zweierlei Weise:

- als *Unterhaltungsmilieu* - man denke als dessen Entsprechung im Wirtschaftssektor an die gewaltigen Ausmaße aller Industrie- und Dienstleistungssparten, die sich mit Freizeit, Urlaub und virtuellen Welten beschäftigen;
- und als *Selbstverwirklichungsmilieu* - man denke an alle Formen der Suche nach „Identität", wie sie sich im religiösen, kirchlichen, psychologischen, gesellschaftlichen, familiären und individuellen Leben unserer postmodernen Gesellschaft überall gestaltet.

Genussroutine

Das entsprechende Genussschema bildet sich in den 50er und 60er Jahren mit Elvis Presley, den Beatles und der Rockmusik heraus. Dabei geht es einerseits um Dynamik, Temposteigerung, Rhythmik, Expressivität (Unterhaltungsaspekt) und andrerseits um die darin intendierte Intensivität, Verdichtung und Versinnlichung der Selbsterfahrung (Selbsterfahrungsaspekt).

Während das *Unterhaltungsmilieu* sich in aktiver und passiver Weise der Intensivierung des Erlebens widmet und darin für alle geeigneten Formen der Stimulation offen ist, steht es zugleich dem Harmonie- und Integrationsmilieu kritisch gegenüber. Es lehnt ab, Lebenszeit und -kraft für die Erfüllung von Zielen zu verschwenden, die durch die alte *Über*lebensordnung vorgegeben wurden und ist darauf aus, den gesellschaftlichen Produktionsprozess von den eigenen, individuellen Bedürfnissen her und auf sie hin zu organisieren.

Im *Selbstverwirklichungsmilieu* wird die Entwicklung und Entfaltung des Selbst und das Erleben von Identität zum eigentlichen Thema. Von ihm her werden die Werte des Integrations- und Niveaumilieus sozusagen radikal auf ihre existentielle Relevanz befragt. Nicht: „Wie muss ich mich verändern, dass ich der Welt und ihrer Kultur gerecht werde?" sondern: „Wie muss ich die Welt um mich herum organisieren, dass ich in ihr zum Erleben von Sinn und Identität finde?"

Abgrenzung

Das Spannungsschema wendet sich von den überkommenen gesellschaftlichen Konventionen ab, es ist konsequenterweise

„antikonventionell“. Wir hatten schon bemerkt, wie auch im Harmonie- und Integrationsmilieu eine auffällige Distanz zum Spannungsschema besteht. Beide können dem Bedürfnis nach Action, nach Selbstinszenierung, nach antikonventioneller Power und narzisstischem Selbsterleben des Spannungsschemas vielleicht einmal auf dem Oktoberfest oder zu Faschingszeiten nachgehen, aber eine grundsätzliche Lebensperspektive können sie der exzentrischen Lebenshaltung nicht abgewinnen.

In umgekehrter Richtung genießen die beiden Milieuformen des Spannungsschemas ihre errungene Freiheit von allen überfällig gewordenen gesellschaftlichen Konventionen viel zu sehr, als dass sie auch nur der Idee etwas abgewinnen könnten, die alten ethisch-religiös abgeleiteten Ordnungen wieder aufzurichten, geschweige denn, in ihnen eine Antwort auf ihre existentiell aufbrechenden Fragen zu finden.

Nachdem der einzelne Mensch aus seinen sozialen Verbänden herausgelöst und seinen kulturellen, ursprünglich ständischen Ordnungen enthoben wurde, wäre es wahrlich sinnlos, ihn von solchen Konventionen neu überzeugen zu wollen, die zwar noch in einigen überfällig gewordenen Strukturen gelten, aber der neueren Gesellschaftsentwicklung hinterherhinken und den individualisierten Menschen im Gestalten einer ihm gemäßen Gemeinschaftsordnung nicht unterstützen.

Lebensphilosophie

Die Lebensphilosophie im Spannungsschema ist auf den Verlust und das Erleben des Selbst gerichtet. Mag man das eine Extrem des Unterhaltungsmilieus als „Sich verlieren im Erleben“ formulieren, so lässt sich das andere des Selbstverwirklichungsmilieus als „Sich finden im Erleben“ beschreiben. In beiden geht es um ein Verhältnis zu sich selbst, das im Erleben gesucht oder aufgehoben wird. *Dieses grundsätzlich narzisstisch ansetzende Erleben sucht seine Wahrheit in der Evidenz seines Erlebens.* In ihm wird „Wahrheit“ zu einem Existenzbegriff, der aller philosophischen und theologischen Spekulation über das, was Wahrheit ist oder als solche verstanden werden müsste, eher skeptisch gegenüber steht.

Eine Zwischenbilanz

Alle fünf von *Schulze* herausdifferenzierten Milieuformen befinden sich in einer Entwicklung, die von der Produkt- und Leistungsorientierung weg zur *Erlebnisorientierung* führt. Mit dieser

Entwicklung verbindet sich, dass die Weltverankerung der alten Milieuformen, also ihre Vorgaben durch Geburt, Alter, Stand, Ort, Bildungsniveau, Beruf des Vaters etc., als bindende und orientierende Beziehungs*vorgaben* aufgelöst und durch eine immer freiere Beziehungs*wahl* ersetzt werden. Die beiden „jüngeren" Milieuformen, Selbstverwirklichungsmilieu und Unterhaltungsmilieu, haben sich fast gänzlich unter dem Modus der Beziehungs*wahl* von Beruf, Interaktionspartnern, Freizeitaktivitäten etc. konstituiert.

Je mehr die Beziehungs*vorgaben* in unserer Gesellschaft als Handlungsleitlinien verblassen und je mehr der Einzelne in der Beziehungs*wahl* gefordert ist, desto mehr kommt es zu einer Verlagerung der Außenkriterien nach innen, von einer „*Außenorientierung*" zu einer „*Innenorientierung*", desto mehr werden aber auch äußere Zeichen erforderlich für eine subjekt- und erlebnisorientierte Beziehungswahl in der schier unbegrenzten Menge der Wahlmöglichkeiten.

Weil wir nicht mehr in einer Welt der uns geläufigen Beziehungsvorgaben leben, sind wir darauf angewiesen, dass jeder sich zur Wahl anbietende Partner sich über eindeutige Symbole, Zeichen, Logos, Werbespots ausweist, der Kaffeeanbieter wie der Autoverkäufer, der Filmemacher, der Steuerberater, die Altenhilfe und der Brautwerber. Man erinnere sich an den Studenten vor der Teestube: als er die Zeichen sah, war seine Entscheidung getroffen.

Das Spannungsschema, welches früher nur als ein jugendliches „Unreife-" oder „Pubertätsstadium" auftrat und kurzerhand als „noch nicht erwachsen" wegdeklariert werden konnte, ist dabei, zu einer existentiellen Anschauungsweise zu werden, die eine ganze Generation von 20 bis über 60 Jahren umfasst. Es hat sich in Form zweier Milieus in unserer Gesellschaft etabliert und macht alle Anstalten, unsere Gesellschaftsformation in ihrem Wesen zu verändern.

Bevor ich nun auf den Konflikt der Kirche eingehe, möchte ich noch einmal den Wandel unserer modernen Industriegesellschaft in eine postmoderne Erlebnisgesellschaft reflektieren.

Der Konflikt zwischen den Milieus

Von den 60er Jahren an hat sich unsere Gesellschaft von einer modernen Industriegesellschaft in eine postmoderne Erlebnisgesellschaft gewandelt.

Junge Menschen, ausgehend von den Universitäten, stellten damals die Errungenschaften unseres so genannten „Wirtschaftswunders“ infrage und kränkten damit die ältere Generation. Diese war überzeugt, ihren Kindern „ihr Bestes“ gegeben und hinterlassen zu haben. Der Gipfel beziehungsweise das Hochplateau des Aufstiegs war erreicht. Man hatte gehofft, auf das Erreichte stolz sein zu dürfen, und fühlte sich nun von der nachwachsenden Generation an den Pranger gestellt, indem diese plötzlich nach der Qualität, dem Sinn und Wert dieses bis dahin unhinterfragten Wirtschaftswundertums fragten.

Ich habe seinerzeit in München als Student miterlebt, wie vor den Hunderten und Tausenden von Studenten, die durch die Straßen zur Universität zogen, um Politiker und Professoren nach ihrem „Glaubensbekenntnis zu dieser Gesellschaft“ zu fragen, von der Polizei die Straßen leergeräumt und abgeriegelt wurden, so dass sie buchstäblich mit ihren Fragen ins Leere liefen. Die Gesellschaft und ihre Väter verbargen ihr Gesicht vor ihren Söhnen und Töchtern, nicht ohne sie damit tief zu verletzen.

Der gesellschaftliche Wandlungsprozess bezieht sich nicht nur auf einzelne Milieuformen, sondern er hat wie ein breiter Strom untergründig das ganze Leben unserer Gesellschaft erfasst. Er vollzieht sich seit jenen Jahren in der Gesellschaft, und im kirchlichen Leben seit dem so genannten „charismatischen Aufbruch“, der ebenfalls in den 60ern begann.

An der Tabelle „Die Milieuformen und ihre Charakterisierung“ ist insbesondere der Konflikt zwischen Harmonie- und Integrationsmilieu auf der einen und Unterhaltungs- und Selbstverwirklichungsmilieu auf der anderen Seite deutlich zu erkennen. Zwischen beiden Paaren steht das *Niveaumilieu*, das so etwas wie eine Achse bildet, auf die beide Gruppierungen bezogen sind: die eine über das *Integrationsmilieu* und die andere über das *Selbstverwirklichungsmilieu*.

Wenn man die charakteristischen Stichworte ansieht, dann wird erkennbar, dass das *Harmoniemilieu* mit dem *Integrationsmilieu* auf fast allen Ebenen harmoniert. Das Integrationsmilieu harmoniert auch relativ gut mit dem Niveaumilieu. Es geht sozusagen einer Konfrontation mit seinem Vorbild aus dem Weg. Zwischen dem *Selbstverwirklichungs-* und dem *Unterhaltungsmilieu* gibt es ebenso kaum Reibungsflächen. Es ist zwar ein bedeutsamer Qualitätswechsel zwischen ihnen festzustellen, den man als *Int-*

roversion (beim Selbstverwirklichungsmilieu) versus *Extraversion* (beim Unterhaltungsmilieu) beschreiben könnte. Aber diese innere Differenzierung vom Seiner-selbst-inne-Werden im Selbstverwirklichungsmilieu zum Sich-Verlieren in der bloßen Action des Unterhaltungsmilieus muss nicht zu Konflikten zwischen beiden Milieuformen führen.

Es sei aber auf ein wesentliches Konfliktpotential zwischen *Selbstverwirklichungsmilieu* und *Niveaumilieu* hingewiesen: Das *Integrationsmilieu* ist auf die strukturbildende Werteordnung des *Niveaumilieus* bezogen, ohne dass es selbst eine mit ihm konkurrierende Werteordnung entwickelt. Das *Selbstverwirklichungsmilieu* aber zeigt seine ursprüngliche Verwandtschaft mit dem Niveaumilieu darin, dass es die „Sinnfrage" mit ihm teilt. Es will das „Eigentliche", kann dieses aber inhaltlich in der Werteordnung des Niveaumilieus nicht *entdecken*. Das „Eigentliche" wird im *Selbstverwirklichungsmilieu* in der Frage nach „Identität" angestrebt. Diese stellt den Ankerwert der primären Perspektive dar.

➔ *Indem das Selbstverwirklichungsmilieu auf diese Weise einen eigenen Eigentlichkeitsbegriff beansprucht und von ihm aus beginnt, eine eigene Werteordnung zu entwickeln, gerät es in einen absehbaren inneren Konflikt mit dem Niveaumilieu.*

Das Selbstverwirklichungsmilieu ist in folgender Weise dialektisch mit dem Niveaumilieu verbunden: Über die „Verwirklichung des Selbst" als *Wert* wird einerseits ein Bezug zu dem Wertbewusstsein und der Wertorientierung des Niveaumilieus hergestellt. Zugleich aber entwickelt das Selbstverwirklichungsmilieu eine *eigene* Werteordnung, die mit der des Niveaumilieus konkurriert. Darin liegt das Konfliktpotential.

Die neu heraufkommende Ästhetik des Spannungsschemas beginnt mit der Ethik des Hochkulturschemas zu konkurrieren.[17] In dieser dem Spannungsschema innewohnenden beziehungsweise darin aufkeimenden eigenen Werteordnung liegt das eigentliche Spannungs*potential*, das im Kern den Konflikt der „alten" Gesellschaft und der „alten" Kirche mit der „neuen" Gesellschaft und der „neuen" Kirche bewirkt.

---

[17] Vgl. oben die Unterscheidung von Schuldkultur = Ethik und Schamkultur = Ästhetik.

In unserer Gesellschaft geht es also um eine spannungsreiche Wandlung unseres gesamten Welt- und Gesellschaftsverständnisses. So gravierend sich die Umwandlung vom „Gottesstaat" bis zu einer pluralistischen Industriegesellschaft darstellte, ebenso einschneidend dürfte auch die Veränderung von der Leistungs- zur Erlebnisgesellschaft sein.

➔ *Wichtig aber ist, diese Wandlung tatsächlich als Wandlung zu begreifen und sie nicht lediglich aus der Sicht des alten Gesellschaftsverständnisses heraus als „Sittenverfall", „Niedergang" oder „egoistisches Selbstverwirklichungsstreben" zu diffamieren.*

Manche missionarische Bewegungen haben dieses Problem im Ansatz verstanden und gehen darin einen ersten Schritt, etwa so:

> „Gott ist kein Sittenrichter, der nur auf Erfüllung seiner Normen achtet. Nein, er kommt dir auf dem Weg entgegen. Gott bietet dir in Jesus Christus *Beziehung* an. Er ist der Gott, der dich liebt und dir das ersetzt, was dir in der Wirtschaftswunderwelt verloren ging. Er liebt und sucht dich, wie du bist - vor aller Leistung und Anstrengung."

Wenn aber nun ein junger Mensch, gerührt von dieser Nachricht und entlastet von dem „Gesetz", sich diesem Gott und der Gemeinde anvertraut, zugleich aber die Intention beibehält, dem „Ruf auf den Weg" als Verwirklichung seiner Selbst weiter treu zu bleiben, so dauert es gar nicht lange, bis diese Botschaft eine bestimmte Wendung nimmt, etwa so:

> „Na, wenn er dich nun aber so liebt und so uneigennützig mit dir ist, dann könntest du dich doch als Dank ein bisschen anstrengen. Du könntest dich in seine Gemeinde - und das ist nun mal konkret diese unsere Gruppe oder Kirche mit ihren Ordnungen - einfügen, auch wenn du die se Ordnungen heute noch nicht erfüllen kannst. Du könntest dem nacheifern, was du bei den reiferen und gesunderen Christen unserer Gemeinde siehst. Sie schaffen etwas und leisten aus Dankbarkeit etwas für die Gemeinde und für die Welt. Ein richtiger Christ will das, und solch ein Einsatz täte dir, der Gemeinde und der Welt auch ganz gut".

Wir werden in dem Abschnitt über „die verlorenen Söhne" genauer darauf eingehen, was an dieser Botschaft so fatal ist. Vorerst soll die Bemerkung genügen, dass diese Art von Gemeindeverständnis solch einen jungen Christen von seinem geistlichen Weg wegruft und den von ihm gehörten Anruf in den Rahmen eines moralisch konzipierten und damit missverstandenen Gemeindebegriffs zurückruft. *Der Anruf des Geistes, unter dem sich der junge Mensch nach einer Gemeinde umsah, wird missverstanden.*

Was aber ist dieser Ruf, den ich „Anruf des Geistes“ nenne, dieser „neue Wein“, diese „Kraft der Gärung“[18], welche die alten Formen unseres Lebens und Glaubens sprengt?

Der Konflikt der Kirchen

Kirche im Raster der Milieus

Ich verstehe unter „Kirche“ eine abstrakte Zusammenfassung und darin auch Verallgemeinerung von Gruppierungen, die sich als *Erkenntnisgemeinschaften* verstehen und sich als solche wiederum durch den erkenntnismäßigen Bezug auf die biblischen Schriften und damit zugleich als Teil der „Gemeinde Jesu Christi“ definieren.

In diesem Selbstverständnis der einzelnen Kirchen verstehen sich diese einzelnen Organisationen sozusagen als sozial oder gesellschaftlich organisierte Einrichtungen der Gemeinde Jesu. Sie bleiben aber nichtsdestoweniger ihrer inneren Struktur nach eine „Erkenntnisgemeinschaft“, solange sie ihre „Lehre“ zum *Präjektivum*[19] ihrer Gemeinschaft machen, auf die sie alles andere beziehen. Indem sie sich so definieren und strukturieren, geraten sie im Zeitalter der Postmoderne unweigerlich in eine Krise, wenn das Glaubensverständnis der einzelnen Kirchenmitglieder sich nicht mehr *erkenntnis*mäßig, sondern *erlebnis*mäßig zu definieren beginnt - grammatisch ausgedrückt: nicht mehr *reflexiv*, sondern *trajektiv*[20].

Dies geschieht zum Beispiel dann, wenn Menschen, die gar nicht zu einer verfassten Kirche oder ähnlich organisierten Ver-

---

[18] Vgl. Lukas 5,37f.

[19] „Präjektivum“ heißt eigentlich das „'Vor-Liegende“. Es handelt sich um das, was uns begegnet und anspricht. Im Präjektivum erfahren wir uns als DU gefragt und herausgefordert, das der Ansprache eine Antwort zu geben hat. Vgl. ausführlich dazu Matthias C. Bettex, *Entwicklungspsychologische Grammatik* (KomBi: Ettlingen, 2016).

[20] „Trajektiv“ ist abgeleitet von Lat. „traicere“ = „hinüberbringen“, „übertragen“. Dementsprechend ist unter dem „Trajektivum“ das *Verbindende* zwischen Menschen zu verstehen. Vgl. ebd.

einigung gehören, sich aufgrund einer *Beziehungserfahrung* als Christen oder als an den christlichen Gott Glaubende bekennen. Sie finden das, was sie „Gemeinde Jesu" nennen, nicht mehr realisiert in der Gemeinschaft sonntäglicher Kirchgänger oder den Ritualen des „Gottesdienstes", auch nicht eigentlich in den mehr oder weniger „richtigen" erkenntnisgeleiteten Dogmen und Predigten, sondern sie sprechen von „Gemeinde Jesu" in dem Augenblick, in welchem sie einem an Jesus Christus Glaubenden Christen *begegnen* und in dieser Begegnung das Erlebnis gemeinsamen Geistes mit ihm haben. Wenn man das auf die Ebene der Gemeindedefinition projiziert, sieht man sofort den Widerspruch:

➔ *Während die verfassten Kirchen sich durch die „Erkenntnis" (die auf der biblischen Schrift beruht) definieren, definieren sich die „Erlebnischristen" durch eine biographische Erfahrung des „Geistes", den sie als wirksam in ihrer Gemeinschaft erfahren. Insofern haben sie zwar das Interesse, Christen im Sinne der Nachfolge Jesu zu begegnen und sich mit ihnen auszutauschen, lehnen aber zugleich die „darüber" konstruierte Gemeinschaft Kirche mit der von dieser jeweils beanspruchten Lehrhoheit ab. Genau da, wo sich solch eine Institution über die „Erkenntnis" als der „wahren Lehre" definiert, statt auch ihre Lehre als ein jeweils individuelles Erfahrungs- oder Reflexionsergebnis zu verstehen, hört ihre Teilnahmebereitschaft auf. Ja, sie hört nicht nur auf, sondern in dem Moment beginnen sie, diese angeblich verbindliche Lehre als eine Konkurrenz zu ihrer eigenen lebendigen Erfahrung zu verstehen und geraten mit ihr in einen inneren Widerspruch.*

Psychologisch kann man sagen: Sie definieren sich *trajektiv* durch ihre Begegnungserfahrung und lehnen es ab, diese einer Zensur durch eine erkenntnisgeleitete *objektivierende* Kircheninstitution zu unterstellen. Sie wollen ihre Christuserfahrungen zwar in einen Dialog mit anderen einbringen, die ebenso von ihren Gotteserfahrungen berichten, aber auch hier geht es nicht um die jeweils „wahrere Erfahrung", sondern um die Begegnung mit Menschen, die ihre Gotteserfahrungen bezeugen und um die „Prüfung", ob sie sich in ihren unterschiedlichen Erfahrungen zugleich doch auch auf demselben Weg und in „demselben Geist" befinden.

Grammatisch gesprochen sind sie der Absicherung ihres Glaubens durch dessen objektivistische Spekulationen abhold und gehen davon aus, dass eine Gotteserfahrung im *Präjektivum* sich zwar im *Trajektivum* erweisen, nicht aber durch eine noch so perfekte *objektivistische* Lehre abgesichert werden kann.[21] Um den Konflikt der Kirche in gesellschaftlicher Hinsicht näher zu beschreiben, gehe ich davon aus, dass die kirchliche Frömmigkeitsprägung äußerlich bei den verfassten Kirchen mehr durch das *Hochkulturschema* und in den so genannten Freikirchen und den Untergruppierungen der Evangelischen Kirchen mehr durch das *Trivialschema* charakterisiert werden kann. In städtischen Gemeinden wird dabei der Schwerpunkt mehr im *Integrationsmilieu* und in ländlichen Gebieten mehr im *Harmoniemilieu* liegen.

Kirchen sind Erkenntnisgemeinschaften

Alle diese genannten Milieus unterliegen aber dem Wandel von einer produkt- und leistungsorientierten zu einer erlebnisorientierten Gesellschaft. Diesen Wandel vollziehen die Kirchen mit. Das Maß einer mehr „außenbestimmten" Ordnung wendet sich auch in ihnen zögernd einer „innenbestimmten" Erlebniswelt zu. Auf dem Weg der Wendung von der Objekt- zur Subjektbezogenheit geraten die Kirchen aber in einen Konflikt, denn im Laufe der Zeiten haben sie ihre Identität nicht mehr im Glauben von Menschen, die miteinander „auf dem Wege sind", sondern in ihren Lehren und Bekenntnissen festgemacht. Diese Lehren und Bekenntnisse, die jeweils in den Erkenntnishorizont zeitabhängiger Existenzentwürfe eingezeichnet wurden, geraten heute mit sich neu entwickelnden Existenzentwürfen in einen Konkurrenzkampf. Während sie früher Zeugnis gelebten Glaubens waren, werden sie heute zu postuliertem Wissen, das gegen gelebte, noch ungeschützte Erfahrung ausgespielt wird. Die damalige Bekenntnistreue, die unter der Hand zu einer Lehr- und Wissenstreue wurde, kennzeichnet die Kirchen als Milieuformen. Kirche ist eine Wissens- oder Erkenntnisgemeinschaft, die um das System ihrer Weltdeutung und damit nachrangig um die Formierung ihrer Gemeinschaften kämpft. Hierzu noch ein Zitat von *Schulze:*

> „Soziale Milieus sind Gemeinschaften der Weltdeutung. Unterschiedliche Erfahrungshorizonte und auseinanderlaufende Routinen der Verarbeitung wahrgenommener sozialer Wirklichkeit führen dazu, dass es in unserer Ge-

---

[21] Das erläutere ich ausführlich in meinem nächsten Buch über die Grammatik der Spiritualität anhand Feuerbachs „Das Wesen des christlichen Glaubens".

sellschaft mehrere Welten gibt. Gleiche reale Ereignisse, etwa politischer Art, kommen schon unterschiedlich gefiltert und aufbereitet in den verschiedenen Milieus an, um dort in weit auseinanderliegenden semantischen und normativen Bezugssystemen noch einmal unterschiedlich interpretiert und in Handlungen (oder deren Unterlassungen) umgesetzt zu werden. Dass gerade die eigene Reaktion normal ist, dass es neben der eigenen Welt keine vernünftige andere gibt, ist selbstverständlich, denn das teilkulturelle Umfeld reagiert ja ebenso."[22]

➔ *Der untergründige, sich nur über lange Zeiträume verändernde Strom, den Schulze beschreibt und der den Kirchen in ihren eigenen Reihen Schwierigkeiten bereitet, stellt sich damit als eine Krise der „Kirchen als Milieu" dar, beziehungsweise der Kirchen als Bekenntnisgemeinschaften. Sie bekennen sich zu Glaubenssätzen und einer Lehre, die kaum jemanden, der im Spannungsschema aufwächst, interessiert. Denn die Antworten, die diese Lehren geben, waren Antworten auf Fragen, die längst vor dieser Zeit gestellt wurden und heute so nicht mehr von Interesse sind.*

Die Kirche missversteht sich selbst

Die Kirchen haben ihre Lehren und Bekenntnisse jeweils in den Erkenntnishorizont historisch bedingter Existenzentwürfe eingezeichnet. Was in der komparativen und kompetitiven Gesellschaft „Zeugnis des Glaubens" war, ist inzwischen gewusstes Lehrgut und als solches für viele ein *Leergut* geworden. Trotzdem wird dieses Lehrgut von den jeweiligen Kirchen fälschlicherweise gegen heute gemachte Erfahrungen geltend gemacht. „Bekenntnistreue" wird somit unter der Hand zu einer Lehr- und Wissenstreue, die dem nötigen, glaubenden Aufbruch in ein neues Zeitalter entgegensteht.

Zurzeit reagieren die katholische Kirche und die fundamentalistisch orientierten evangelischen Gruppierungen eher „reaktionär", viele andere evangelischen Richtungen sind verwirrt oder um pluralistische Liberalität bemüht. Sie suchen den „kleinsten gemeinsamen Nenner" des Glaubensbekenntnisses und der theologischen Lehre, auf den sie sich einigen können. Aber gerade darin zeigen sie sich als Träger einer „objektiven" Bot-

[22] G. Schulze, a.a.O., 267.

schaft, die im Sinne einer zeitlosen Wahrheit in ihrem Kern unberührt vom Subjekt des Menschen ist und bleiben soll.

Meine These ist, dass die Kirchen die Wahrheit des Glaubens, die nur von *Subjekten* gelebt und bezeugt werden kann, mit einer postulierten so genannten „objektiven Wahrheit des Evangeliums“ verwechseln.

➔ *In Wirklichkeit kämpfen die Kirchen damit nicht um den von ihnen bezeugten Glauben, sondern um ihre in der Lehre fixierte Identität. Unsere Identität als Glaubende wurzelt aber in nichts anderem als in unserer so anfälligen und gefährdeten Subjektivität und dem in ihr empfangenen, geglaubten und in vollem Risiko gelebten „Wort“.*[23]

Die Frage insbesondere der progressiveren Gruppen der Erlebnisgesellschaft richtet sich nicht auf das, was jemand *lehrt*, was er *weiß* oder *schon immer so* gelebt hat, nicht auf das, was angeblich „objektiv richtig und wahr“ ist, sondern darauf, wie er auf welchem Weg ist, was er in Bezug auf das Finden seines eigenen Selbst und auf das Erkennen des Sinnes seines eigenen Lebens *glaubt* und wie er diesen Glauben in seiner individuellen Existenz subjektiv bewährt. Er ist nach seiner *Authentizität* gefragt, nach der Übereinstimmung seiner persönlichen Erkenntnis mit seinem Leben.

Nach all den historischen Katastrophen und Grausamkeiten, die wir uns gegenseitig im Namen objektiver Wahrheiten zugefügt haben und die uns schließlich nicht ins Paradies, sondern in die Leere und den Bankrott der erwarteten Erlösungen führten, interessieren die Ideologien der so genannten „objektiven“ und wissbaren Wahrheiten nicht mehr.

➔ *Von Interesse ist nur die Wahrheit, die sich als lebendige, gelebte und lebbare Wahrheit erweist. Also geht es gerade nicht mehr um zeitlose theologische Wahrheit, an der sich jeder und jederzeit orientieren kann, sondern es geht um den Glauben für das heute persönlich zu lebende und zu verantwortende Leben und es geht darum, wie sich dieser Glaube heute kommuniziert.*

Die Lehren der Kirchen von heute helfen im Allgemeinen nicht, die heutigen Welt- und Selbsterfahrungen als Erfahrungen mit

---

[23] Mit besonderer Deutlichkeit geht das aus den Kapiteln 11 bis 13 des Hebräerbriefs hervor.

Gott zu verstehen. Sie führen nicht in das Geheimnis des ersten Glaubensartikels ein. Im Gegenteil, sie signalisieren in ihrem missionarischen Anspruch etwas ganz anderes:

➔ *Sie signalisieren, dass der postmoderne Mensch sich vom Besten, was er hat, nämlich von seiner aufgebrochenen Leidenschaft zum authentischen Leben, verabschieden soll. Das ist eine fatale Botschaft.*

Denn nach meiner Überzeugung ist diese Leidenschaft ein erwachtes Gespür für das Wirken des Geistes Gottes, also eine dem postmodernen Menschen zukommende Geistigkeit, eine geistgewirkte Sehnsucht nach wahrem Leben. Dieser „postmodern Glaubende" soll sich von seinem interessanten, gefährlichen, seinen ganzen Mut fordernden Leben abwenden und sich stattdessen einlassen

- auf die für ihn zumeist öde Trockenheit abstrakter und Objektivität heischender theologischer Lehren,
- auf die kleine, ängstlich abgesicherte bürgerliche Welt fundamentalistisch orientierter Glaubenslehre,
- auf eine (der Ernsthaftigkeit zumindest des Selbstverwirklichungsmilieus gegenüber) relativ wurzellose, nach Harmonie strebende charismatische Begeisterungsfähigkeit.

➔ *Die zentrale Frage aber, die im Spannungsschema der Postmoderne von einzelnen Menschen gestellt wird, ist die Frage danach, ob es auf die Sehnsucht nach erfülltem, nach sinnvollem, nach mit sich selbst im Einverständnis gelingenden Leben eine Antwort gibt - ob dem Durst der menschlichen Seele ein lebendiges Wasser entspricht, das ihn stillt - ob man Gott berühren und von ihm berührt werden kann.*

Ich behaupte also, dass die Kirche in weiten Teilen die sogenannte „Objektivität des Evangeliums", die ein Produkt ihrer zeitgebundenen Erkenntnis ist, mit der Wahrheit, die nur glaubend gelebt und bezeugt werden kann, verwechselt. Die Kirche kämpft nicht um den von ihr bezeugten Glauben, sondern um ihre in der Lehre festgemachte Identität. Die Furcht vor der Auflösung der eigenen Identität bildet dabei den Motor für diese Krisenreaktion der Kirche. Weil und solange sie damit beschäftigt ist, kann sie den Suchenden und Glaubenden, die sich auf den Ruf des Geistes einzulassen versuchen, keine Hilfe sein.

Diesem Problem hat sich die Kirche zunächst selbst zu stellen, bevor sie sich mit ihrer Botschaft nach „draußen“ begibt. Denn ihre Krise liegt nicht etwa darin, dass der von ihr gelehrte Glaube von der Welt nicht akzeptiert wird, sondern darin, dass sie sich nicht mit dem von ihr gelehrten *Glauben*, sondern mit einer *Lehre* identifiziert, die irrelevant für die Fragen der Menschen von heute und damit auch relativ unbedeutend für die existentiellen Fragen der Kirchenzugehörigen selbst ist.

➔ *Die Kirche befindet sich genau in der Krise, die zwischen den alten und neuen Milieuformen besteht. Darin liegt der immer wieder erstaunliche, aber nur scheinbar widersprüchliche Grund, dass ihre Lehre abgelehnt, sie zugleich aber trotzdem nach ihrem Glauben gefragt wird.*

Was heißt das konkret?

Die zentrale Frage, die im Spannungsschema der Postmoderne von einzelnen Menschen gestellt wird, ist die Frage nach ihrer Identität, die Frage danach, wer sie sich selbst gegenüber *sind* und wer sie sich selbst und der Welt gegenüber sein müssen, wollen, dürfen, können oder sollen. Von dem Wagnis der Kirche, sich auf diese Fragen ernsthaft einzulassen, hängt ihre Relevanz in dieser Gesellschaft und für sie ab.

Wenn zum Beispiel in einer ständischen Ordnung Schuld und Vergebung an dem Paradigma erlebt wird, aus dieser Ordnung herausgetreten oder herausgefallen zu sein und nach Bekenntnis, Wiedergutmachung und Absolution wieder in sie aufgenommen zu werden, so wird dieser ständische Schuldbegriff einer Person, die im *Integrationsmilieu* lebt, noch einsichtig, denn in diesem Milieu spielt die Konformität mit der möglichst perfekt gedachten Gemeinschaftsordnung eine große Rolle. Lebt aber jemand im *Spannungsschema*, was könnte er dann aus einem so gearteten Schuldbegriff über das Problem seines verfehlten Selbstverhältnisses beziehungsweise seiner verlorenen Identität erfahren? Er würde vielleicht dieses lernen: Wenn er wie der „verlorene Sohn“ dem Ruf folgt, den er als seinen Weg, seine Berufung zu seiner Eigentlichkeit erlebt, und darin seine unbeholfenen Schritte versucht, dann wird er von den Christen aus dem Integrationsmilieu zu hören bekommen: „Das ist Schuld! Denn du löst dich von der Gemeinde und der in ihr anerkannten, von der Bibel her begründeten Ordnungen!” Wenn er sich aber in ihr Schema von Schuld und Vergebung fügen will, dann wird er den Gewissensbiss nicht los, dass er seine Eigentlichkeit verfehlt. Er fügt sich in für ihn „äußere“ Ordnungen, deren innere Kraft er nicht spürt. Um sich her sieht er viele, die sich bemühen, aber nur wenige, denen er abnehmen kann, dass sie das Leben haben, von dem sie reden und das er sucht.

Wenn er ihre Art von Buße und Vergebung übt, dann will er darin „Leben und volle Genüge“[24] finden. Er will spüren, dass das, was er findet, mit dem Finden seiner selbst identisch ist. Aber er merkt, dass er leer bleibt und „die Ordnungen seiner Kirche“ nur aufsucht aus Angst vor dem Allein- und Verlassensein. Er kann solch einen Schuldbegriff und solch eine Vergebung nur als „oberflächlich“ erleben. Wenn das wirklich „alles“ wäre, müsste er seinen Wunsch, in seinem Wesen erkannt zu sein, begraben.

➔ *Aus Liebe zur Wahrheit und in Liebe zu sich selbst kann er sich mit solch einer Glaubenspraxis nicht zufrieden geben.*

Meistens entdecke ich Christen, die dem *Spannungsschema* folgen, eher unter denen, die sich keiner Gemeinde zuordnen lassen oder solchen, die sich in jeder Gemeinde nur „uneigentlich“ am Rande bewegen, oder auch solchen, die als Störenfriede aus ihrer Gemeinde herauskomplimentiert wurden.

Hierzu fällt mir ein katholischer Therapeut ein. Er stammte aus dem „Osten“ und schämte sich dieser Herkunft. Er war das inkorporierte Spannungsschema und kämpfte um seine „neue Identität“. In diesem Kampf rieb er sich auf. Nach Öffnung der Zonengrenze wagte er lange nicht, in seine Heimat zu fahren, um dort sein Vaterhaus aufzusuchen. Ein Grund lag darin, dass er mit diesem Elternhaus die Erinnerung an seinen Vater verband, der durch unvorsichtiges Laborieren in seiner Chemiewerkstatt zum Krüppel geworden war. Er hatte diesen Vater zeitlebens geliebt und hatte sich seiner zugleich zeitlebens geschämt. Er hasste sich selbst dafür, dass er ein so verzweifeltes Verhältnis zu seinem Vater hatte. Als er dann doch dorthin gefahren war und mir von seinem Heimatbesuch erzählte, brach er abwechselnd in Tränen der Trauer und Tränen der Freude aus. Er konnte plötzlich seinen Vater, dessen Art zu sprechen und zu denken, verstehen. Als er in seine Heimat kam, aus der seine Eltern kurz nach seiner Geburt mit ihm geflüchtet waren, ging ihm plötzlich das Herz auf. Er hatte das Gefühl, nach Hause zu kommen. Es war, als ob er erst jetzt zu sich selbst, zu seinen eigenen Gefühlen und zu seiner inneren Sehnsucht Zugang gefunden hatte. Und im selben Moment fing er dort an, spontan

[24] Johannes 10,10.

Gott zu loben und brach in Tränen der Freude aus. Er hatte in seiner Heimat seine Identität und mit ihr den Glauben an Gott wieder gefunden.

Wie solch eine gefundene Identität mit der Bürgerlichkeit im *Trivialschema* in Konflikt geraten kann, soll durch ein weiteres Beispiel gezeigt werden:

Ein junger Exuser, der lange Zeit Drogen genommen hatte, bis er nach einer Evangelisation zu Hause in seinem Zimmer eine Begegnung mit Jesus Christus hatte, fragte mich eines Tages: „Wo kann ich Christen begegnen?“ Auf meine stotternde Antwort suchte er dann die auf, von denen ich noch am ehesten glaubte, dass sie ihm wahr gegenübertreten und (das ist noch wichtiger) ihn in Freiheit wieder gehen lassen würden. Anschließend erzählte er dann, was ihm begegnet ist: „Dann habe ich überlegt und mich gefragt: ‚Warum willst du hier weg? Was ist hier nicht richtig?‘ Und - wenn ich so wie sie wäre, würde ich sagen: ‚dann hat mir der Geist gesagt!‘ - aber das sage ich nicht. Mir ist auf meine Frage der Satz eingefallen: ‚Sie wollen dich zu *sich* ziehen!‘ Sie sagen, dass sie dich mit der Liebe Jesu lieben, aber die Liebe Jesu, das weiß ich, die fühlt sich anders an. Sie wollen sich dazwischenschieben. Sie können es nicht ertragen, dass ich ihn anders erfahren habe als sie, und schon fangen sie an, mit ihm zu konkurrieren.“

Wer sich ansehen möchte, wie in der Bibel glaubende Menschen als Menschen des *Spannungsschemas* beschrieben werden, der möge sich das Kapitel 11 des Briefes an die Hebräer durchlesen.

Die Kirche „frisst ihre Kinder“

Der in vielen Kirchen unbearbeitete Identitätskonflikt hat seine eigene Dynamik, er wird nach außen projiziert. Die Kirche hat ihn bei sich nicht bewältigt, darum kann man in sehr vielen Predigten hören, dass das subjekt- und erlebnisorientierte Denken an sich schon als „weltlich“ - und das heißt „schlecht“ - abgelehnt wird. Die Kernbegriffe des *Spannungsschemas* „Unterhaltung, Freizeit, Selbstverwirklichung, Ichfindung etc.“ gelten dem kirchlichen Trivialschema als egoistisch, ichbezogen und als Zeichen sündiger Existenz.

➔ *Den nachwachsenden jungen Christen, die selbst im erlebnisbezogenen Schema groß werden, macht es auf diese Weise nicht „die Welt“, sondern die Kirche selbst schwer, sich als Christen zu verstehen.*

Ihre erlebnisbezogenen Welterfahrungen werden bestenfalls als „jugendlich-unerfahren“ und „verständlich“, nicht aber als Erfahrungen mit Gott erkannt. Und zugleich wird ihnen das, was sie nicht als ihre eigene Welt empfinden können, sondern als Ausdruck eines vergangenen Kindheitsschemas, als „Evangelium“ gepredigt. Was sie gern als Glaubenswelt ihrer Eltern anerkennen, nämlich die gelebte Glaubensform des niedergehenden Trivialschemas, was sie zugleich aber nicht als ihre eigene Glaubenswelt akzeptieren können, das wird ihnen als die kostbare Perle angeboten, um derentwillen sie die Welt, wie sie sie erfahren, loslassen sollen.

Dieser innerhalb der Kirche ungelöste Konflikt zwischen den älteren und jüngeren Generationen und Weltverständnissen bewirkt einerseits, dass sich die jungen Gläubigen um der Wahrheit ihres eigenen Lebens und Glaubens willen aus der Kirche heraus retten müssen, und andrerseits, dass eine echte Begegnung der Kirchen mit dem Spannungsschema unmöglich wird.

➔ *Dieser Graben zwischen dem kirchlichen Trivialschema und dem Spannungsschema, der in Wahrheit ein Graben zwischen unterschiedlichen Erkenntnisformen ist, wird zu Unrecht als ein Graben zwischen Glaube und Unglaube interpretiert.*

In Wahrheit ist das Spannungsmilieu den verfassten Kirchen glaubensmäßig voraus, sofern in ihm einzelne Menschen den Ruf, der an sie ergeht, gehört haben und sich auf den Weg gemacht haben, ihn zu erkennen.

Die Fragen der zum Spannungsschema gehörenden Menschen richten sich mehr oder weniger darauf, wer sie in dieser Welt und angesichts ihrer zu sein haben. Ob sie diese Fragen in der „Unterhaltung“ vergessen oder transzendieren wollen, ob sie sie in der Anstrengung der „Selbstverwirklichung“ beantworten wollen oder ob sie die Antwort schließlich trotzig verweigern, immer wieder geht es um dieses: wer sie selbst sein sollen und wer sie angesichts dieser Welt zu sein haben in der Radikalität ihrer Existenz.

Scheinbar historisch, aber mehr in Form einer Metapher, möchte ich versuchen, auf einen Begriff zu bringen, worum es meiner Ansicht nach geht: Seit dem Beginn der industriellen Revolution wurden die sozialen Verbände in ihre Individuen zerspalten. Diese wurden gezwungen, sich als einzeln, herauslösbar, austauschbar zu verstehen. Die progressivsten Errungenschaften unserer heutigen Wirtschaft begannen damit, dass die Industrie mit den „Atomen“, den „Individuen“ der Masse Mensch rechnete: 1 Arbeitskraft = 12 Arbeitsstunden = 72 Leistungsstunden pro Woche = 3744 Leistungsstunden pro Jahr minus Ausfallzeiten = 3700 verfügbare Leistungsstunden. Diese können bei Ausfall eines Individuums jederzeit durch ein anderes ersetzt werden. Ein Gedankengang, der damals wohl so ähnlich hart, herzlos und gleichzeitig von so bestechender Logik empfunden wurde wie die heutige Aussicht, das Gesundeste jeder Nutztiersorte in der Menge des ermittelten Bedarfs zu klonen. So wird jedes Stück Qualitätsfleisch jederzeit durch ein anderes Stück identischer Qualität austauschbar.

Nun aber sind diese vereinzelten Individuen, nicht ohne erhebliche Geburtswehen, zur Bewusstheit ihrer selbst erwacht. Heute melden sie sich als dritte und vierte Generation zu Wort, die ihre Groß- und Urgroßeltern fragen:

- „Wie steige ich unbenamtes Individuum in das Leben ein mit seinen Möglichkeiten, mich zu wissen, zu spüren, zu fühlen?“
- „Wie kann ich, der ich aus all dem, was früher als lebenswert und fromm galt, herausgesprengt bin - wie kann ich die Sinnleere in mir vergessen oder überwinden?“ „Wer sagt mir, wo mein Platz, was meine Verantwortung und was mein Auftrag in dieser Welt ist?“
- „Wie kann ich es überwinden, in dieser Welt nichts anderes als eine Summe von 65 mal 3700 Leistungsstunden zu sein?“

Das ist das Problem. Ich habe es die Frage nach der „Identität“ genannt.

Wie ist das mit der Sünde?

Wenn wir von der Botschaft der Kirche sprechen, kommen wir nicht darum herum, auf den Begriff „Sünde“ einzugehen. Was meint dieses Wort? Etymologisch leitet es sich von der sumerischen Gottheit des Mondes (Sin) ab. Dann wäre der „Sünder“ einer, der dem Mond als einer von der Sonne abhängigen, auf sie bezogenen Kraft dient und damit seine Zentrierung auf die eigentliche Mitte oder Urkraft verloren hat. Mir persönlich gefällt noch besser die volksetymologische Ableitung: „Sünde - Sund - Sonderung - Absonderung“, weil sie den in der Religion beschriebenen und volksetymologisch nachgebildeten Zustand ziemlich gut wiedergibt. Dann wäre der „Sünder" der vom eigentlichen Leben „abgesonderte" Mensch. In der Lehre der Bibel steht hinter dem mit „Sünde" übersetzten Wort das griechische Wort *hamartía*, welches das „Verfehlen eines Ziels oder einer Bestimmung" bedeutet. Hier wird nicht so sehr der „Zustand" des Menschen bedacht, in dem er sich „von Natur aus" befindet, sondern der Mensch wird unter einer teleologischen (von seiner Zielbestimmung her gedachten) Perspektive gesehen: ob er sich in Übereinstimmung mit dem Schöpfungsziel befindet, auf das hin er gemacht ist. In seinem Selbstseinwollen wird er der sein Ziel verfehlende Mensch.

Ob eine Kultur sich nun aber mehr ethisch oder mehr ästhetisch, mehr über das MAN oder mehr über das WIR reguliert, so wird „Sünde" doch immer als „vom eigentlichen Leben getrennt", „den eigentlichen Sinn des Lebens nicht erfassend", „zum Leben keinen Zugang findend" erfahren. In diesem Sinne ist es weder so, dass erst die Kirche oder die Christen den Begriff „Sünde" erfunden hätten, noch ist es so, dass der Mensch der Postmoderne kein Sündenbewusstsein hätte, wie es die Kirche in ihrer Botschaft als Voraussetzung der Gnade sucht. Sondern die Kirche selbst hat sich auf ein kulturell erworbenes und theologisch reflektiertes Sündenverständnis festgelegt, das sie heute an den Menschen heranträgt, in dem er selbst aber sich und sein eigenes Sündenbewusstsein nicht wiederfindet. In dem vergangenen Selbsterleben des Menschen, in *Luthers* „Wie bekomme ich einen gnädigen Gott?" spiegelt sich das postmoderne Sündenerleben nicht. Viele Repräsentanten der Kirche scheinen aber zu glauben, dass jeder Heide, soll er sich in seiner Gottverlassenheit erfahren, zuerst in das ethische Selbsterleben einer vergangenen Kultur bekehrt werden muss, um sich aus dieser Sicht dann als Sünder zu erkennen und zu deklarieren, bevor ihm vergeben werden und er die Nähe Gottes erfahren kann. Er muss sich sozusagen in das Zeitalter *Luthers* zurück transformieren, um der Gnade der Kirche teilhaftig zu werden.

Warum aber sollte er dahin zurück? Sein eigenes Sündenerleben ist viel existentieller, viel unmittelbarer und leidvoller, als es die Kirche will. Warum sollte er sich auf die abstraktere Stufe eines ethischen Schuldverständnisses begeben, das seinem eigenen Erleben in seiner Intensität und Lebensnähe gar nicht gerecht werden kann?

Das wäre etwa so, als ob Jesus zur Samaritanerin am Jakobsbrunnen[25] sagen würde: „Also nun erst einmal Schluss mit deiner Nymphomanie, deinem süchtigen Sexualverhalten, deinen vielen Männern und diesem ganzen ungesetzlichen Zeug. Jetzt musst du dich erst einmal vor dem Gebot beugen, dass du nicht ehebrechen und nicht Hurerei treiben sollst. Dann kann ich dir diese Sünden im Namen Gottes vergeben." Nein, das sagt er nicht. Er redet zu ihr überhaupt nicht von Sünde und Gesetz und Moral. Sondern er redet von ihrer *Not*, von ihrer Sehnsucht nach Leben. Als er sagt, er könne ihr das Wasser geben, das sie in genau diesem ihrem unmoralischen Leben sucht, da antwortet sie: „Gib mir von diesem Wasser."

Worum es da für die Kirche geht, das möchte ich in den zwei nächsten Abschnitten erklären. Ich werde dazu auf das Gleichnis von den verlorenen Söhnen eingehen und auch das Alte Testament heranziehen.

Verlorene Söhne

Während bisher alle Gesellschaftsformen zumindest nominal von einem religiös oder ideologisch verankerten Wertesystem ausgingen, an welchem sich die geltenden Machtstrukturen orientierten, geraten wir zurzeit in die eigentlich konsequenteste Umwälzung, die sich als Frucht aus dem Demokratiegedanken ergibt: Die Gesellschaft löst ihre Wertorientierung aus ihrer religiösen und kulturellen Verankerung und von der sie vertretenden gesellschaftlichen Oberschicht des so genannten „Niveaumilieus" ab und schafft ein scheinbar „wertneutrales Wertungssystem", dessen Außenseite wir „Marktorientierung" nennen.

Marktorientierung heißt nichts anderes, als dass das Geld regiert, nicht indirekt, wie es das schon immer tat, sondern direkt. Derzeit konzentrieren sich alle Aktivitäten, nicht nur im 'Wirtschafts- und Industriebereich, sondern auch in allen anderen Herstellungs- und Dienstleistungsbereichen, darauf, Instrumente herzustellen, mit denen dieses marktgesteuerte Wertesystem durchgesetzt, kontrolliert und gesteuert werden kann. Wer etwas verdienen will, muss etwas anbieten. Und wer etwas anbieten will, seien es Autos oder Fensterscheiben, sei es Psychotherapie oder Kinderbetreuung, muss sich als Anbieter von Dienst-

---

[25] Johannes 4,1ff.

leistungen auf einem großen Weltwirtschaftsmarkt verstehen und sich den Gesetzen dieses Marktes fügen.

Mir geht es dabei mehr um die Innenseite dieser Marktorientierung, um die Motivation des „Kunden“, der durch diesen Markt bedient werden soll. Ich habe diese Motivation mit *Gerhard Schulze* als *Erlebnisorientierung* charakterisiert: Die Teilnehmer unserer Gesellschaft wollen vor allen Dingen etwas *erleben*. Sie sind bereit, sich das etwas kosten zu lassen. Ihre Zahlkraft, ihre Scheckkarte ist der Stimmzettel, über den sie mitbestimmen, was in dieser Gesellschaft als wichtig und wertvoll oder als unwichtig und wertlos angesehen werden kann. Auf diese Weise findet der angeblich „wertneutrale“ Wirtschaftsmarkt seine Regulierung in dem Erlebnishunger, der Erlebnissuche und Erlebnissehnsucht dieser Gesellschaft.

So wenig es aber vielen Älteren unter uns einleuchten will, und so wenig es selbst *Schulze* als forschender Soziologe herausgearbeitet hat: auch in dieser sich vom Erleben her verstehenden Gesellschaft zeichnet sich eine ernst zu nehmende Ethik ab, eine Werteorientierung, die sich unter Stichworten wie „Selbstverwirklichung“ und „Identität“ verbirgt. Um die andere Art von Ethik in der Postmoderne von der Art der Ethik in der Moderne abzusetzen, charakterisiere ich sie als eine *ästhetische* Ethik, eine fühlbare, erlebbare, sinnlich vermittelte Ethik. Auch in dieser neu heraufkommenden Werteorientierung ist der Mensch auf der Suche nach sich selbst - in alter Sprache würden wir sagen: auf der Suche „nach seinem Heil“ - anzutreffen. Auch ihn treibt dieselbe Sehnsucht, welche durch alle Zeiten die Menschen trieb, ihrem Gott zu begegnen und sich selbst in ihm zu finden.

➔ *Meine zunächst einmal pauschal formulierte Behauptung bezüglich des „Missverständnisses der Kirche“ besteht nun darin, dass die Kirchen in ihrer Lehre weitgehend den Denkmustern der alten Milieuformen verhaftet sind und sich derart stark mit den Werten dieser älteren Milieuformen identifizieren, dass sie das Heraufkommen eines neuen Selbst- und Weltverständnisses kaum wahrgenommen haben und es da, wo sie es wahrnehmen, größtenteils als bedrohlich erleben oder als sündhaft ablehnen.*

Die hierdurch entstehende Polarisierung mit den Kirchen und Denkfiguren der alten Gesellschaft auf der einen Seite und der jungen Erlebnisgesellschaft mit ihren ganz anderen Formen, sich das Leben zu erschließen, auf der anderen, ist zurzeit ein erstrangiges Hindernis, das die kirchliche Glaubensvermittlung an den postmodernen Menschen blockiert. Sie blockiert zugleich, dass der postmoderne Mensch seine individuellen Erfahrungen als Begegnungen verstehen kann, in denen der ursprünglich von der Kirche geglaubte und verkündigte Gott mit ihm umgeht.

Der heute aufkommende Typus von Wahrheits- und Wirklichkeitserfahrung lässt sich in den Denkformen der alten Gesellschaftsordnung weder abbilden noch erschließen. Die Kirche als Dolmetscher und Interpret des Evangeliums muss die Sprache und Erlebnisweise der heutigen Menschen erlernen, damit sie ihre Botschaft in deren Wirklichkeitserfahrung einzeichnen kann.

Um zu verstehen, was es mit dem Missverständnis zwischen der Kirche und dem postmodernen Menschen auf sich hat, kann uns das Gleichnis Jesu vom Vater und seinen zwei Söhnen helfen. Der ältere der beiden Söhne lässt sich auf die aufgeklärte Moderne und die Kirchen beziehen, die sich noch von den gewachsenen religiösen und kulturellen Strukturen her verstehen. Der Jüngere der beiden Söhne findet sich in der postmodernen Generation mit ihrem anderen Selbsterleben wieder. Wir fragen, was der Anruf sein könnte, der an *beide* Brüder ergeht, die sich in ihrem Selbst- und Weltverständnis so stark unterscheiden.

Beginnen wir mit der ersten Hälfte des Textes:[26]

> „Und Jesus sprach: Ein Mensch hatte zwei Söhne. Und der jüngere von ihnen sprach zu dem Vater: Gib mir, Vater, das Erbteil, das mir zusteht. Und er teilte Hab und Gut unter sie. Und nicht lange danach sammelte der jüngere Sohn alles zusammen und zog in ein fernes Land, und dort brachte er sein Erbteil durch mit Prassen. Als er nun all das Seine verbraucht hatte, kam eine große Hungersnot über jenes Land, und er fing an zu darben und ging hin und hängte sich an einen Bürger jenes Landes; der schickte ihn auf seinen Acker, die Säue zu hüten. Und er begehrte, seinen Bauch zu füllen mit den Schoten, die die Säue fraßen, und niemand gab sie ihm. Da ging er in sich und sprach: Wie viele Tagelöhner hat mein Vater,

[26] Lukas 15,11-24.

die Brot in Fülle haben, und ich verderbe hier im Hunger! Ich will mich aufmachen und zu meinem Vater gehen und zu ihm sagen: Vater, ich habe gesündigt gegen den Himmel und vor dir. Ich bin hinfort nicht mehr wert, dass ich dein Sohn heiße; mache mich zu einem deiner Tagelöhner! Und er machte sich auf und kam zu seinem Vater. Als er aber noch weit entfernt war, sah ihn sein Vater, und es jammerte ihn; er lief und fiel ihm um den Hals und küsste ihn. Der Sohn aber sprach zu ihm: Vater, ich habe gesündigt gegen den Himmel und vor dir; ich bin hinfort nicht mehr wert, dass ich dein Sohn heiße. Aber der Vater sprach zu seinen Knechten: Bringt schnell das beste Gewand her und zieht es ihm an und gebt ihm einen Ring an seine Hand und Schuhe an seine Füße und bringt das gemästete Kalb und schlachtet 's; lasst uns essen und fröhlich sein! Denn dieser mein Sohn war tot und ist wieder lebendig geworden; er war verloren und ist gefunden worden. Und sie fingen an, fröhlich zu sein."

Das grundsätzliche Problem

„Ein Vater hatte zwei Söhne": Mit diesem Satz fängt ein Zwiespalt an. Es ist *ein* Vater, aber es sind zwei Söhne. So beginnt der Konflikt zwischen vielen Brüdern der Bibel und der Geschichte: Kain und Abel, Isaak und Ismael, Sadduzäer und Pharisäer, Judenchristen und Heidenchristen, katholisch und evangelisch, getauft und wiedergetauft, in der Ordnung der Kirche oder außerhalb der Ordnung der Kirche, Moderne und Postmoderne. Zwei scheinbar unversöhnliche Brüder haben nur *einen* Vater.

Manchmal möchte man meinen, die moderne Kirche habe, aus ihrer Sicht, mit der postmodernen Welt *keinen* gemeinsamen Vater. Diese Welt, das ist für sie ein neutrales Ding ohne Vater, und sie, die Kirche, ist die Kirche des Vaters. So scheint auch der ältere Sohn des Gleichnisses zu denken. Er „hat" den Vater. Wenn der jüngere Sohn etwas vom Vater will, dann muss er erst seinen älteren Bruder fragen. Der vermittelt ihm den Zugang zum Vater. Aber in unserem Text wendet sich der jüngere Sohn ganz gegen diese Selbstverständlichkeit direkt an den Vater, ohne sich vorher die Erlaubnis des älteren Bruders einzuholen. Hat er das Recht, sich am älteren vorbei an den Vater zu wenden?

> „Und der jüngere von ihnen sprach zu dem Vater: Gib mir, Vater, das Erbteil, das mir zusteht. - Und er teilte Hab und Gut unter sie".

Der Jüngere hat es geschafft. Er hat am Älteren vorbei den Vater für sich gewonnen.

Die Jüngeren haben es oft leichter, sich an den Pflichten und Traditionen der Familie vorbei zu stehlen. Die Älteren waren entweder dem Tempel geweiht oder durch ein Opfer ausgelöst worden, weil ihr Vater in ihnen den Erben seines Besitzes sah. Der Ältere hatte über sich selbst nicht zu entscheiden. Für ihn war entschieden worden. Die Jüngeren waren in dieser Hinsicht weniger gebunden. Sie hatten es leichter zu gehen und im Ausland ihr Glück zu versuchen. Der Jüngere ist frei. Aber dadurch ist er nicht aller Lasten ledig. Er hat ein Problem, das der Ältere nicht hat und nicht versteht: Für ihn wird die *Freiheit* zum Problem. Er hat das Problem, nicht zu wissen, wozu er da ist, was sein ‚Erbteil' eigentlich ist. Der Ältere weiß das schon. Und damit der Jüngere ihn nicht noch darum betrügt, ist er bereit, notfalls gegen ihn zu kämpfen. Auch der Jüngere muss um etwas kämpfen. Er muss das erkämpfen, was dem Älteren schon von Anfang an gegeben war. Er muss noch *fragen*, wo der Ältere schon *weiß*. Er muss fragen: „Wer bin ich? Was gehört mir? Was ist das Erbteil, das *mir* zusteht?"

Er ist beneidenswert frei gegenüber dem anderen, für den der Vater alles im Voraus bestimmt hat. Aber seine Freiheit lädt ihm zugleich Fragen auf, an denen er krank werden kann, wenn er keine Antwort auf sie findet, so wie auch der Ältere krank werden kann, wenn er seinen Besitz und mit ihm den Sinn seines Lebens verliert.

Die Last der Freiheit ist zu einem großen Teil das, was den Jüngeren treibt, und sie ist zugleich das, was der Ältere zwar äußerlich als die Lust oder das Laster des Jüngeren kennt, nicht aber als dessen Last, an der er zerbrechen kann.

Ich will mich mit dem Jüngeren in seine Frage hinein begeben: Wer sind wir? Was ist dann unser Erbe? Wozu sind wir da?

Der Zwiespalt

Der Mensch in seiner *doppelten* Natur ist ein zwiespältiges Wesen: Mächtig, erhaben und wortgewaltig einerseits - zart, sehnsüchtig und durstig andrerseits. Mit diesem Zwiespalt beschäftigt sich gleich im Anfang der Bibel eine bildhafte Erzählung: Zwei Bäume verbinden Himmel und Erde. Ich möchte sie mit *Viktor von Weizsäcker* den „ontischen“ und den „pathischen“ Baum nennen.[27] Der *ontische* ist der Baum der Erkenntnis, des Wissens, der Scheidung und des Scheidens von Gut und Böse. Es ist ein Baum der Bemächtigung und der Herrschaft. Der *pathische* ist der Baum des Lebens, dessen man sich nicht bemächtigen kann; man kann seine Früchte nicht einfach „nehmen“. Man kann sie nur annehmen oder aufnehmen, wenn sie einem *gegeben* werden: in einem Traum, einem Gedanken, einer Berührung, einer Begebenheit, einem Unglück, einer Krankheit.

Der erste Baum macht uns zu Göttern. Der Mensch nimmt in der *Abwesenheit* Gottes von diesem Baum. Daraufhin sagt Gott: „Adam ist geworden wie unsereiner und weiß, was gut und böse ist.“ Eigentlich wollte er ihn so. Er wollte „ein Bild, das ihm gleich sei“. Jetzt aber, wo der Mensch so ist, sagt Gott:

> „Nun aber, dass er nur nicht ausstrecke seine Hand und nehme auch von dem Baum des Lebens und esse und lebe ewiglich! Da wies ihn Gott der Herr aus dem Garten Eden [...] Und er trieb den Menschen hinaus und ließ lagern vor dem Garten Eden die Cherubim mit dem flammenden, blitzenden Schwert, zu bewachen den Weg zu dem Baum des Lebens.“ [28]

Dieser Mensch also ist in seiner Erkenntnis wie Gott, aber so allein für sich hat er nicht das, was die Erzählung das „Leben“ nennt. Er ist zum *Gegenüber Gottes* gemacht, als solches hat oder hätte er Leben, aber er nimmt diese Rolle nicht an, er will ohne ihn aufgrund seiner Erkenntnis leben. Das macht, dass er aus dem Garten Eden verstoßen ist.

Obwohl er erkennt, was gut und was schlecht ist für ihn und die Erde, obwohl er Macht ausübt auf der Erde, - was er ja auch soll, er soll die Erde „bauen und bewahren“ -, „lebt“ er nicht. Zwischen dem, was er als Leben erkennt und dem, was er als Erkennender lebt, gibt es ein unüberwindbares Hindernis, den Engel mit ‘dem flammenden, blitzenden Schwert’.

---

[27] Viktor von Weizsäcker, *Der Gestaltkreis: Theorie der Einheit von Wahrnehmen und Bewegen*, mit einer Einführung v. R. Denker (Suhrkamp: Frankfurt a.M., 1973).

[28] Genesis 4,22-24.

Diese biblische Schöpfungserzählung scheint also zu sagen, dass der Mensch ein Wesen ist, das sein Leben nur hat, soweit es mit Gott verbunden ist. Trennt er sich von ihm, dann hat er zwar noch die Erkenntnis davon, was Leben wäre, aber das Leben selbst hat er nicht.

Bis dahin sind beide Brüder des Gleichnisses gleich. Sie sind noch in der Ordnung des Vaters. Sie wissen, was gut ist, aber sie können das Gute nicht selbst in sich lebendig machen. Den Zugang zum Baum des Lebens haben sie nicht. Unterschiedlich sind sie aber in ihrem Verhalten diesem Zwiespalt gegenüber. Der Ältere versucht, die im Vaterhaus geltende gute Ordnung zu verwirklichen und so das in ihr gemeinte Leben zu gewinnen. Der Jüngere ist dem Älteren um eine Erkenntnis voraus: Dass aus dem Tun des erkannten „Guten“, wie der es versucht, nicht das entsteht, was im Bild des Paradieses mit dem Baum des Lebens gemeint ist. Also will er sich auf sich selbst gestellt, und das heißt: „in der Fremde“, verwirklichen.

Nicht nur der jüngere Bruder wird also von diesem Konflikt angetrieben, sondern beide leiden an diesem „anthropologischen Zwiespalt“ in sich. Beide leiden an dem Gespür, dass sie das Leben nicht „haben“. Aber der eine sucht es in der Rechtschaffenheit der alten Ordnung des Vaterhauses und der andere sucht es, indem er seiner Sehnsucht nach dem Leben in der Welt, außerhalb dieser Ordnung, direkt nachgeht.

Wenn wir an die Atomenergie denken, an die Kriegs- und Weltraumtechnik, an die Biogenetik, an die Macht von Menschen über Menschen, dann wissen wir sofort, was mit diesem Wissen gemeint ist, das uns zu Göttern macht und uns zugleich nicht ins Leben, sondern in unseren Tod führt. Es ist die Erkenntnis, die, wie *Sigmund Freud* es mit seiner Todestriebtheorie formuliert, „unbewusst unseren Tod organisiert“.

➔ *Was den Älteren und den Jüngeren unterscheidet, ist nicht, dass sich einer von beiden nicht in diesem Konflikt befindet. Was den ethisch geprägten Modernen und den ästhetisch geprägten Postmodernen unterscheidet, ist nicht, dass der eine von beiden Gott näher und der Sünde ferner wäre, sondern der Unterschied der beiden besteht darin, wie sie beide mit dem jeweils unterschiedlich erlebten Phänomen ihrer Entfremdung von Gott und mit ihrer Entfremdung von ihrem eigentlichen Selbst, mit ihrer Sonderung vom Leben, umgehen.*

Es ist leichter, die großen Dimensionen der Sünde zu beklagen, als diese Selbstabsonderung des Menschen aus der inneren Einigung mit Gott im „Kleinen“, Konkreten ernst zu nehmen.

Mir geht es immer wieder so: In der „Abwesenheit“ Gottes, wenn er schweigt - oder besser ausgedrückt: wenn ich zu laut, zu träge, zu blöde bin, sein Leben zu verstehen, wenn ich seine Zeit, sein Kommen, seinen Geist nicht abwarten kann, dann regt sich in mir die Unruhe, der Drang, die Ungeduld. Dann entscheide und handle ich meiner Erkenntnis gemäß, ohne zuvor ein Hörender, ein Empfangender geworden zu sein. Ich ersetze die sensible Empfänglichkeit für das ‘Reden Gottes’, für das, was jetzt dran ist, durch mein Denken, durch mein Ziel und meinen Willen, es zu tun: Ich ersetze sein Ankommen bei mir durch die Frucht vom Baum der Erkenntnis und verdränge im selben Moment, dass ich mit diesem Schritt den Kontakt zu ihm als dem Baum des Lebens verliere.

So ist es auch im Leben des älteren Bruders: Indem er das seiner Erkenntnis gemäß Richtige tut, entzieht sich ihm doch zugleich das Leben. Aber auch dem jüngeren Bruder entzieht es sich, während er es sich unmittelbar zu greifen versucht. Es entweicht auch ihm, während er glaubt, es unmittelbar vor sich zu spüren. Der „Segen“ des Lebens, das wahre Leben, nach dem sie beide suchen, bleibt ihnen beiden vorenthalten. Dieser Segen, der nur in der inneren Einheit mit Gott - im Paradies - gegeben ist, er ist außerhalb dieser Einheit mit ihm nicht zu haben.

Die Frage dessen, der geht

Warum geht der jüngere Sohn weg vom Vater? Warum aus dem Haus des älteren Bruders, aus der Tradition, in der er groß geworden ist? Weil er in diesem Haus und seiner Tradition nicht findet, wonach er sich sehnt. Er ist nicht der Erbe und Garant der Tradition dieses Hauses. Im Haus des älteren Bruders hat er keine eigenständige Funktion, es sei denn, ein Gehilfe seines Bruders zu sein. Die hier gepflegte Tradition mag ihm Schutz gegeben haben. Aber er findet in ihrer Pflege nicht sich und nicht das, wonach er sich sehnt. Hier, wo man alles schon „weiß“ und wo die Rechte und Pflichten schon aufgeteilt und zugeordnet sind, scheint das Leben zu Ende, bevor es beginnt. Ohne selbst spürbar angesprochen und in Auftrag genommen zu sein, einfach nur im Tun der Erkenntnis der vorangegangenen Generation, sozusagen in der Replikation ihres Lebens, kann der jüngere Sohn sein Leben nicht finden. Das ist das eine: In allem, was er in diesem Haus tun mag, bleibt die unbestimmte Sehnsucht in ihm ungestillt: Diese Sehnsucht nach dem wirklichen und wirksamen Leben in Einheit mit sich selbst und insofern „im Frieden".

An seinem älteren Bruder erlebt er, wie dessen Normenkonformität ihn nicht lebendig, sondern eher leblos macht. Wenn der etwas tut, dann hat das immer zugleich den Geschmack der versuchten Nachahmung des Vaters. Er soll Herr des Hauses sein, aber man sieht, dass er es *nicht* ist. Er verhält sich, als ob seine Impulse nicht aus ihm selbst, sondern von außen kommen, nämlich aus seiner reflexiven Erkenntnis, dass es so sein „müsste".

Vielleicht gibt dem Älteren sein „Anstand", sein „Auftrag", sein Ältestenrecht, sein Gewissen, sein moralisches Bemühen die Kraft, alles so zu tun, wie es immer getan worden ist. Das mag man ihm als „ehrenwert" zugestehen. Aber das Gefühl, dass sein älterer Bruder „blutvoll" lebt, dass er inneren Frieden durch die Eingebundenheit in die Ordnung des Hauses erreicht, das kann der Jüngere im Umgang mit ihm nicht finden. Und selbst wenn der ältere Bruder dies als sein eigenes inneres Leben wahrnehmen würde, so kann es der Jüngere dennoch nicht für sich selbst nachvollziehen. Denn dem Älteren war das Erbe zugesprochen, so dass er sich nun aneignen muss. Aber der Jüngere könnte im Hause des älteren Bruders nur als dessen Untergebener, als „immer der Kleine", als Statist agieren, ohne darin das Gefühl einer gewissen Uneigentlichkeit zu überwinden.

Obwohl er also „zu Hause" ist, fühlt er sich leer. Obwohl er in „seiner" Kirche ist und in die Kirche geht und das, was er da hört, nicht einmal falsch findet, spricht es ihn nicht an. Und obwohl seine „Gesellschaft" mit ihrem Kultursystem viel erreicht hat und bereit ist, ihm unter bestimmten Bedingungen große Freiheitsräume zuzugestehen, so spürt er zugleich dieses innere Nicht-gemeint-sein, diese Fehlen der Quelle des Lebens, von der ihm die Älteren erzählen mögen.

Auch der Jüngere erfährt das Gefühl der Geborgenheit, die sich innerhalb der Einhaltung der Tradition ergibt. Er kennt das angenehme Empfinden, als der Sohn des reichen, wohlhabenden und anerkannten Vaters geachtet zu werden. Er kennt die Sicherheit, die ein bestimmter Status gibt, die Konformität mit der politischen und kirchlichen Gesellschaft,die seine Familie genießt. Aber stärker noch ist in ihm dieses untrügliche andere Gefühl: Wenn er so weitermacht, wird er sich selbst verlieren. Was der Ältere tut, wie *er* jene Fragen löst, das ist dabei nicht des Jüngeren Problem. Er weiß nur: In dieser Uneigentlichkeit, in diesem ungeklärten Konflikt zwischen Leben und Erkennen, kann *er selbst* nicht leben.

Die Frage nach der 'Identität', die ich als die zentrale innere Frage der jüngeren Generation der Postmoderne beschrieben habe, ist die weltliche Beschreibung genau dieser Frage und Sehnsucht, die den jüngeren Bruder umtreibt.

Dieser jüngere Bruder, diese jüngere Generation unterscheidet sich von der älteren, wie alle revolutionären Bewegungen sich von den etablierten Systemen unterscheiden, dadurch, dass die Älteren die innere Kluft zwischen Erkenntnis und Leben - zwischen gelebtem Leben und ersehntem Leben - von der Seite ihrer Erkenntnis her zum Leben hin überbrücken wollen. Die Jüngeren aber wollen sich nicht zuerst der Erkenntnis, sondern zuerst dem Leben ihrer Sehnsucht verschreiben. Sie akzeptieren keine Erkenntnis, die nicht offensichtlich und unmittelbar dem Leben dient und die sie persönlich nicht als lebendig und wahr erfahren haben.

In dem Weggang des Jüngeren ist nicht nur eine narzisstische Selbstsuche, sondern auch eine „narzisstische Reinheit", nämlich die, in Treue zur Wahrheit des eigenen Erlebens, der eigenen Einsicht, der eigenen Hoffnung zu stehen.

Macht es den Älteren Angst, dass da ein jüngerer Mensch sich selbst so wichtig nimmt? Vielleicht rührt es an den Schmerz der eigenen Seele, dass man selbst sich in seiner Sehnsucht nicht so ernst genommen hat. Vielleicht hat man sich nur in Verzweiflung, im Groll oder in Resignation in die geltende Ordnung gefügt?

Er, der Jüngere jedenfalls, geht in der unbestimmten Gewissheit, dass es ein Wasser geben muss, das den Durst seiner Seele stillt.

Leben als „letzte Gelegenheit"

Was sucht er auf seinem Weg? Ich finde *Schulzes* Ausdruck „Spannungsschema" nicht glücklich, weil zu äußerlich. Er beschreibt nur, wie der „Bürgerliche" dieses Schema von außen sieht. Die innere, mehr oder weniger bewusste Tendenz zur 'Selbstfindung' scheint in dem Begriff zu wenig auf: Innerhalb des 'Spannungsschemas', das der jüngere der verlorenen Söhne aufgesucht hat, geht es darum, sich selbst in der Harmonie, in der Natur, der Gefühligkeit, der Ekstase, der Meditation, der Spannung und Aktion, ja auch in der Arbeit zu erleben, sich selbst als gegenwärtig, als 'intensiv da seiend' wahrzunehmen. Er will die Fesseln abwerfen, die ihn vor einer intensiven und gefährlichen Lebensbegegnung schützen sollen. Er will die Gewissensbisse hinter sich lassen, die ihn klein und ängstlich machen. Er will das, was ihn von einem intensiven, erfüllten Leben trennt, wenigstens für ein paar Stunden, ein paar Minuten, ein paar Sekunden hinter sich lassen.

Wenn man fragt, warum denn gerade heutzutage diese intensive Sehnsucht nach dem Selbsterleben so sehr aus den Randzonen der 'anständigen Gesellschaft' heraus in den Mittelpunkt rückt und wogegen sich das richtet, so wird man finden, dass der individualisierte und aus den sinnstiftenden Rhythmen der vergehenden Kultur herausgedrängte und herausgeflüchtete Mensch das Gefühl für sich selbst, das Gefühl für den *Sinn* seiner Eingebundenheit seines eigenen Lebens in die „wirksame Wirklichkeit" der ihn umfassenden Kultur, verloren hat und diese in einer neuen unmittelbaren Begegnung mit dem Leben sucht.

Ich glaube nicht, dass es überzogen ist zu sagen: Der postmoderne Mensch hat mit den religiösen und kulturellen Koordinaten zugleich das System verloren, aus dem sich die Vorgenerationen den Sinn ihrer Existenz abzuleiten und zu erfahren suchten. Die Intensivierung seiner sinnlichen Erfahrung, zuweilen bis zum sadistischen oder masochistischen Exzess, hat ein inneres Ziel, das ich als '*Selbstvergewisserung'* bezeichnen möchte. Er ist bereit, dafür das als schal empfundene Leben in der kulturellen Tradition zumindest zeitweise aufzugeben.

Die innere Frage ist: „Bin ich wirklich? Bin ich, der so heißt, wirklich ich? Kann ich mich als der, der ich bin, im Kern erfahren? Wie werde ich meiner selbst inne?"

Diese Frage stellt sich in einer Welt, in der die Medien fast in einer Art Lust an der Dekonstruktion täglich vermitteln, wie endlich und bemessen unsere Erde mit all ihren Ressourcen ist und wie gefährdet und gefährlich wir Menschen mit unserer unzureichenden Friedensfähigkeit auf ihr agieren. Sie halten uns vor, an welch seidenem Faden unsere Zivilisation hängt und wie unser Heute vielleicht gerade noch, mit *Marianne Gronemeyers*

Buchtitel gesprochen[29], die „letzte Gelegenheit“ ist, sich selbst oder das Leben zu gewinnen. Sie erklärt den Rausch an verdichteten „Lebenserlebnissen“ als einen Versuch, die aufbrechende Angst vor dem Tod, die Angst vor dem Verlust seiner Selbst, zu überwinden oder wenigstens zu betäuben. Wissenschaft und Technik der Erlebnisgesellschaft treten damit in den Dienst dieses Selbsterlebens und werden zum Versuch, gegen die Verflüchtigung der eigenen Existenz und gegen den herannahenden Weltentod einen Raum aufzubauen, in welchem in immer kürzerer Zeit - eben noch *vor* dem möglicherweise bald hereinbrechenden persönlichen oder auch Weltentod - immer mehr Leben erlebbar wird.

➔ *Es geht um mehr als das, was in Schulzes Anwendung des Narzissmus-Begriffs auf dieses Phänomen beschrieben ist: Es geht um den mehr oder weniger verzweifelten Versuch, den im Kulturwandel verlorenen Selbstbezug wiederherzustellen. Es geht um den Gewinn oder Verlust der eigenen Seele, und das ist wahrlich eine Frage auf Leben und Tod.*

Die Erfahrung der Grenze

Im Rausch entsteht die Erfahrung der „Grenze“, wenn es nichts mehr gibt, was zu experimentieren wäre, nichts Neueres, nichts Extremeres, nichts Brutaleres, nichts Schamloseres, nichts Verächtlicheres mehr, das ausprobiert werden könnte. In solch einer Situation wird der Hunger unerträglich. Nur der Ekel über all das, was schon hineingefressen wurde, hält ihn in Schach. In all dem, was man konsumierte, wurde der *eigentliche* Hunger, die innere Sehnsucht nicht gestillt. Der Mensch kann nicht „auf sich selbst gestellt“, aus seinem erkennenden Wissen heraus, die Genugtuung finden, die er seinem eigentlichen Wesen nach sucht. Diese Grenzerfahrung wird im Bild des Gleichnisses so beschrieben:

> „Als er nun all das Seine verbraucht hatte, kam eine große Hungersnot über jenes Land und er fing an zu darben.“

Es gibt eine prophetische Stelle in der Bibel, in der diese ver-

---

[29] Marianne Gronemeyer, *Das Leben als letzte Gelegenheit: Sicherheitsbedürfnisse und Zeitknappheit*, 2., unveränd. Aufl. (Wissenschaftliche Buchgesellschaft: Darmstadt, 1996).

zweifelte Suche nach Leben als erdumspannende Bewegung beschrieben wird:[30]

> „Siehe, es kommt die Zeit, spricht Gott der Herr, dass ich einen Hunger ins Land schicken werde, nicht einen Hunger nach Brot oder Durst nach Wasser, sondern nach dem Wort des Herrn, es zu hören; dass sie hin und her von einem Meer zum andern, von Norden nach Osten laufen und des Herrn Wort suchen und doch nicht finden werden. Zu der Zeit werden die schönen Jungfrauen und die Jünglinge verschmachten vor Durst."

Dieses endgültige „Nicht-Finden" ist die Stunde der Scham, des Elends, des Ekels und der Verzweiflung. Und gerade diese Stunde wird bei dem, der „wegging", zugleich zur Stunde seiner Umkehr. Die schlimmste Stunde seiner Verlorenheit wird zum Wendepunkt seiner Erlösung.

„Als er all sein Vermögen verbraucht hatte..."

Die Erfahrung, dass wir mit unserem Vermögen am Ende sind, bedeutet die Einleitung unserer Krise:

„Da ging er in sich und sprach..."

Er stellt sich der Wahrheit seines Lebens. Er bekennt sich zur Wahrheit seines Bankrotts. Er tritt, wie es in der Psychotherapie heißt, in ein reflexives Verhältnis zu sich selbst in seiner Not ein. Ihm kommt ein Gedanke:

> „Wie viele Tagelöhner hat mein Vater, die Brot in Fülle haben, und ich verderbe hier im Hunger!"

Hat ihm jemand eine Predigt gehalten? Ist er in die Synagoge oder die Kirche geraten? Nein, er hat sich in seiner Not, in seinem Hunger, seiner Verzweiflung wahr- und ernst genommen. Indem er bittet, das Futter der Schweine - das ist: 'der Unreinen', der Gottlosen - essen zu dürfen und ihm selbst dies verweigert wird, kippt etwas um in ihm. Es geht ihm wie einem Drogensüchtigen: Wenn ihn der Ekel, die Scham, der Schrecken nicht von innen her erfasst und ihn zur Umkehr wendet, dann ist aller Anspruch und alle Hilfe von außen umsonst. Das klingt

[30] Amos 8,11-13.

nicht nur hart und unerbittlich, es ist auch so. Es scheint oft so zu sein, dass erst durch unseren Bankrott unsere Hörfähigkeit oder gar Wandlungsfähigkeit geweckt werden.

Wo ist der Vater?

Wo eigentlich in dieser „postmodernen“ religionslosen, kulturlosen Welt ist Gott?

Im Gleichnis wird der Vater gegenwärtig als „ein Gedanke“:

> „Ich will mich aufmachen und zu meinem Vater gehen und zu ihm sagen: Vater, ich habe gesündigt gegen den Himmel und vor dir. Ich bin hinfort nicht mehr wert, dass ich dein Sohn heiße; mache mich zu einem deiner Tagelöhner!“

In dem Augenblick, in dem der Sohn *innehält*, hat ihn der Vater in Form eines „Gedankens“ erreicht. In diesem Augenblick beginnt die Geschichte seiner Erlösung:

> „Und er machte sich auf und kam zu seinem Vater. Als er aber noch weit entfernt war, sah ihn sein Vater, und es jammerte ihn; er lief und fiel ihm um den Hals und küsste ihn. Und der Vater sprach zu seinen Knechten: Bringt schnell das beste Gewand her und zieht es ihm an und gebt ihm einen Ring an seine Hand und Schuhe an seine Füße und bringt das gemästete Kalb und schlachtet 's; lasst uns essen und fröhlich sein! Denn dieser mein Sohn war tot und ist wieder lebendig geworden; er war verloren und ist gefunden worden. Und sie fingen an, fröhlich zu sein.“

Der Vater bleibt nicht in seinem Haus. Er läuft dem Sohn entgegen. Sie begegnen sich „draußen“, nicht im Haus des Bruders, nicht in der Synagoge oder dem Tempel. In seinem bitteren Erwachen in der Not seiner Welt wird dieser jüngere Bruder eingeholt von dem Hauch der Erinnerung an seinen Vater. Es ist eine „lebendige“ Erinnerung: Sie bringt ihn auf den Weg und zu seinem Vater.

Von Anfang an bis zu dieser Begegnung findet die Geschichte eigentlich schon immer *mit* dem Vater statt. Der Jüngere ist zwar „tot in seinen Sünden“ und blendet deswegen den Vater aus. Aber in dem Moment, wo er *innehält*, holt ihn die Erinnerung an den Vater ein. Er ist da. Es ist nur wie ein Hauch, und diesem Hauch kann er sich jetzt, wo er schwach und an sein Ende gekommen ist, stellen.

➔ *Diese Begegnung mit dem Vater, weil sie so flüchtig geschieht, wird als solche leicht übersehen und ist doch so intensiv wie eine Umarmung. Alle psychologische und theologische Reflektion ist ihr nachgeordnet, legt sie aus und gehört zum „Nachhall" dieser eigentlichen Begegnung.*

Das Problem dessen, der bleibt

> „Aber der ältere Sohn war auf dem Feld. Und als er nahe zum Hause kam, hörte er Singen und Tanzen und rief zu sich einen der Knechte und fragte, was das wäre. Der aber sagte ihm: Dein Bruder ist gekommen, und dein Vater hat das gemästete Kalb geschlachtet, weil er ihn gesund wieder hat. Da wurde er zornig und wollte nicht hineingehen.
>
> Da ging sein Vater heraus und bat ihn. Er antwortete aber und sprach zu seinem Vater: Siehe, so viele Jahre diene ich dir und habe dein Gebot noch nie übertreten, und du hast mir nie einen Bock gegeben, dass ich mit meinen Freunden fröhlich gewesen wäre. Nun aber, da dieser dein Sohn gekommen ist, der dein Hab und Gut mit Huren verprasst hat, hast du ihm das gemästete Kalb geschlachtet.
>
> Er aber sprach zu ihm: Mein Sohn, du bist allezeit bei mir, und alles, was mein ist, das ist dein. Du solltest aber fröhlich und guten Mutes sein; denn dieser dein Bruder war tot und ist wieder lebendig geworden, er war verloren und ist wieder gefunden."

Er ist der Erbe. Er hat die Mühen des Tages auf dem Feld ausgehalten. Er hat seine Arbeit in dem Bewusstsein getan, den Besitz des Vaters zu bewahren, zu pflegen, zu mehren. „Bedienen und Bewahren", das ist seit jeher sein Auftrag. In dieser Ordnung seines Vaterhauses lebt er, und als ältester Sohn des Hauses repräsentiert er sie; wenigstens müht er sich, ein guter Repräsentant dieser Ordnung zu sein.

Natürlich spürt er oft, dass er es gut machen will, und dass es ihm trotzdem nicht so gelingt. Er müht sich auch, mit dem Vater klarzukommen, den er immer noch als den eigentlichen Herrn des Hauses ansieht. Er versteht sich sozusagen als „erster Diener im Vaterhaus"; das ist nicht immer ein leichtes Geschäft. Da ist eine innere Wehmut, ein Gefühl der Uneigentlichkeit, der Unerfülltheit, so wie es auch ein Prinz haben mag, der für den Thron bestimmt ist, aber ihn nicht einnehmen darf. Zwischen seinen Sehnsüchten und Trieben einerseits und seinem Auftrag und Wollen andrerseits gibt es einen Konflikt. Er denkt manchmal an seinen jüngeren Bruder, der diese ganze Bürde abgeworfen hat - dann spürt er zuweilen auch Neid. Aber wenn er sich bewusst macht, dass dieser sein ganzes Vermögen verspielt und verhurt haben soll, dann ruft er sich innerlich zur Ordnung seines eher anständigen Lebens.

Jetzt, als er vom Feld nach Hause kommt und Singen und Tanzen hört, da steigt ihm diese Wehmut wie ein Stich ins Herz. Während er als Chef des Hauses sich müht, feiern die anderen und lassen sich's wohl ergehen. Er ruft einen der Knechte und fragt, was da ist.

> „Der aber sagte ihm: Dein Bruder ist gekommen, und dein Vater hat das gemästete Kalb geschlachtet, weil er ihn gesund wieder hat."

Das darf doch nicht wahr sein! Es geschieht genau das, was er in seinen schlimmsten Träumen befürchtete: An ihm vorbei ist der kleine Bruder mit dem Segen des Vaters ausgezogen, hat alles, was er mitgenommen hat, verspielt, und nun ist er an ihm vorbei in die Arme des Vaters zurückgekehrt! Der Vater verbindet sich an dem Älteren vorbei mit dem jüngeren Bruder. Er schlachtet das gemästete Kalb für ihn.

> „Da wurde er zornig und wollte nicht hineingehen. Da ging sein Vater heraus und bat ihn, hereinzukommen".

Das muss dem Älteren nach all den Jahren wie eine zynische Bitte vorkommen. Da kommt dieser Bruder daher, dieser Verlierer, dieser Spieler und Playboy. Er hat alles, was der Vater erarbeitet und ihm zu treuen Händen übergeben hat, verzockt. Er hat alle Werte, die dem Vater und auch dem älteren Bruder wichtig sind, in den Dreck getreten.

Was ist die Botschaft?

Der Ältere interpretiert seine Gemeinschaft mit dem Vater und dem jüngeren Bruder als eine „Wertegemeinschaft" und erwartet selbstverständlich, dass der Jüngere sich diesen Werten als einer unausgesprochen geltenden Verbindlichkeit fügt. Der Jüngere kann sich unter diesem Vorzeichen mit dem Älteren gar nicht treffen. Das ist von vornherein ausgeschlossen. Wenn er trotzdem wagt, zu seinem Vater zu kommen, so nicht, weil es nach so einer Karriere noch um „Werte“ gehen könnte. Es geht nicht mehr um Werte, sondern schlicht ums Überleben, und zwar ums Überleben in einem existentiellen Sinn: Er kann sonst seinen Hunger nicht stillen. Er hofft aber, dass es für ihn als in der bitteren Wahrheit seines Scheiterns Angekommenem trotzdem einen Platz im Hause des Vaters gibt.

Aber die Einladung des Vaters zum *gemeinsamen* Fest kann von dem tugendsamen älteren Sohn nicht akzeptiert, geschweige verstanden werden. Sie widerspricht allen Werten, die er in seinem Leben hochgehalten hat und als deren Garant er bisher den Vater ansah. Er muss sein Vaterbild revidieren. Aber gerade dieses Vaterbild gab seiner Religions- und Kulturauffassung, seinem Wertebegriff die in der Religion gegründete Legitimation.

Wir als Angehörige einer im Vergehen begriffenen Kultur müssen lernen, dass der Gott unserer Väter nicht nur der Gott „im Vaterhaus“, sprich: der Gott „der Christen“ oder „der Kirche“, der älteren Brüder ist. Wir müssen begreifen, dass dieser Gott sich in dem Haus unserer Kultur und Kirche nicht halten ließ. Er ist auf den Weg aus dem Haus heraus zu dem jüngeren Bruder gelaufen. Er hat sich aus der Häuslichkeit unseres stationären bürgerlichen Denkens auf die Straßen und Wege (ich möchte fast sagen: in das Internet) dieser Welt begeben. Hier, *in* der Welt, muss er erkannt, ihm begegnet, muss er bezeugt, mit ihm gefeiert werden.

Der Vater unserer Sehnsucht ist in den Geschicken dieser Welt, in den Motiven der Menschen, in ihren Träumen und Visionen, in ihren Sehnsüchten, ihrem Rausch und ihrem Ekel. Er ist in ihrem Innern - unerkannt, unerschlossen, wirksam - verborgen - gegenwärtig.

Dieser Vater bittet uns ältere Söhne, von unseren Vorstellungen eines anständigen Lebens abzusehen. Wir sollen uns dem Fest anschließen, das längst schon begonnen hat und das unter anderen Bedingungen stattfindet, als wir es uns vorstellen können.

Es geht darum, dass der jüngere und der ältere Bruder je ihren eigenen Weg in innerer Übereinkunft mit dem Vater finden und dass die Brüder sich gegenseitig darin nicht irritieren, missionieren, bekämpfen, sondern dass sie einander im Gegenteil gerade in ihrer Unterschiedlichkeit und Unverwechselbarkeit, im Finden ihrer je eigenen Identität, zu hilfreichen Begleitern werden.

Und nicht nur das, beide Brüder sollen sich zu einem gemeinsamen Fest mit dem Vater einfinden! Was beide für unmöglich hielten - der eine aus Gründen der Scham, der andere aus Gründen der Gerechtigkeit - soll nach dem Willen des Vaters geschehen.

Werteordnung

Der Ältere hat sich entschieden, das in seinem Leben umzusetzen, was er als „gut und richtig“ erkennt. Für ihn ist diese Erkenntnis in den Zehn Geboten repräsentiert. In ihnen liegt die Legitimation und Logik seiner Religion, seiner Kultur und seiner persönlichen Geschichte. Er versucht, bei aller Einsicht in die menschliche Schwachheit, doch wenigstens dem Versuch treu zu bleiben, dieser als göttlich erkannten Ordnung nachzustreben.

Auch in ihm ist die tiefe Sehnsucht nach Leben, die seinen jüngeren Bruder aus dem Haus des Vaters getrieben hat. Aber er hat sich dafür entschieden, auf seine selbstsüchtigen Wünsche zu verzichten und sein Leben innerhalb der überkommenen, göttlichen Werteordnung zu leben. Sein innerer Kampf ist ziemlich sicher die „größere“ Tat, das „größere“ Opfer, die „würdigere“ Askese, die sich mehr aufzehrende Liebe zum Vater. Und wie soll er nun damit klarkommen, dass er dadurch nicht mehr an Zuneigung des Vaters gewinnt als der jüngere Bruder, dem das alles nichts galt? Was hat er als älterer Bruder davon, dass er seiner Begierde nach Selbstverwirklichung, seinem Lebensdurst und seiner Sehnsucht nach persönlicher Identität nicht nachgegeben hat?

Er hat, um des Vaters und um des Lebens willen, wie er glaubt, ein Schwert zwischen sich und den jüngeren Bruder gelegt. Nicht etwa weil er den jüngeren Bruder nicht lieben würde. Nein, viel zu sehr liebt er ihn, viel zu sehr liebt er diesen Lebenshunger, diese Liebessehnsucht seines jüngeren Bruders in sich selbst, als dass er ihr Raum geben dürfte, ohne selbst in Gefahr zu geraten. Um der Wahrheit willen, um der Erkenntnis der Gerechtigkeit willen hat er diese Grenze gezogen. Er hat das Schwert sogar mitten zwischen sich selbst und seine Seele gelegt, zwischen sein Gewissen auf der einen Seite und seinen triebhaften Lebenshunger auf der anderen, oder, wie die Psychoanalyse sagt: Zwischen sein ÜBERICH und sein ES. Und er dachte, darin sei er sich mit dem Vater einig. Seine Einheit mit dem Vater zeige sich darin, dass er sich auf diese Weise um die Erfüllung seiner Berufung als Erbe müht.

Auch der Jüngere kennt dieses Schwert in seiner Seele, die Spaltung, die ihm nicht erlaubt, dem ES, der Sehnsucht, ja der Begierde nach Leben in sich nachzugehen und gleichzeitig seinem Gewissen, dem ÜBERICH, der Werteordnung zu gehorchen. Er hat sich dafür entschieden, sein Leben in der „Hingabe an das Leben", in seiner Sehnsucht nach Liebe zu suchen und darüber der anderen Möglichkeit des älteren Bruders, dem Leben in der Gerechtigkeitsordnung, den Abschied gegeben.

Das ist, wie man sieht, eine folgenschwere, eine buchstäblich existenzvernichtende Entscheidung gewesen. Und nun, nachdem er gescheitert ist, nachdem er alles, was er vermag, eingesetzt und das Spiel verloren hat, sieht auch er keine andere Möglichkeit mehr, als sich dem Gesetz der „Ordnung des Lebens" reumütig zu unterwerfen und ihr als „Tagelöhner" zu dienen. Auch ihm ist klar, dass er mit seiner Idee: „Wenn ich in Freiheit mir selbst lebe, dann bin ich auch zugleich gut und erfolgreich", gescheitert ist. Das alles weiß der Jüngere nun auch, darin unterscheidet er sich nicht von seinem älteren Bruder:

> „Ich will mich aufmachen und zu meinem Vater gehen und zu ihm sagen: Vater, ich habe gesündigt gegen den Himmel und vor dir. Ich bin hinfort nicht mehr wert, dass ich dein Sohn heiße; mache mich zu einem deiner Tagelöhner!"

➔ *Beide Söhne spüren die Spaltung, die Kluft in ihrem Leben, die zwischen ihren Wünschen und Trieben auf der einen Seite und ihrem Wissen vom heilen Leben auf der anderen besteht. Beide würden diesen Zwiespalt gern überwinden. Und beide setzen voraus, dass der Ältere, weil er die „paternalistische" Kulturauffassung vertritt, sich wenigstens prinzipiell im Einverständnis mit dem Vater befindet.*

Nicht in ihrem Lösungskonzept und nicht in ihrer Ideologie sind sie gleich, darin gehen sie konträr unterschiedliche Wege, sondern in der Tiefe ihrer Sehnsucht nach Leben. Die Kraft und darin zugleich auch die Not dieser Sehnsucht hat den Jüngeren zu seinem ausschweifenden Leben verführt und hat den Älteren in seinen Fleiß und seinen Verzicht getrieben.

Das Merkwürdige an diesem Gleichnis ist, dass dem Vater weder das ausschweifende Leben des Jüngeren noch der treue Dienst des Älteren imponiert. Beider Vorstellung, dass ein Leben nur innerhalb einer dem Leben förderlichen Werteordnung gelingen kann, mag ihre Relevanz für die Söhne selbst haben. Aber der Vater hat ein anderes Thema, nämlich dass seine Söhne bei ihm und im Einklang mit ihm sind. Das will er mit ihnen feiern!

Die Not des älteren Bruders

Wenn gegenüber dem Vater die von ihm selbst eingesetzte Werteordnung nicht mehr gelten soll, wenn der Jüngere als Antwort auf sein ausschweifendes Leben die Zuwendung und Liebe des Vaters erhält, wozu hat er als Ältester dann auf all das verzichtet? Wieso hat er sich abgemüht? Wofür hat er gekämpft und die väterliche Hausordnung hoch gehalten? Warum hat er nicht gefeiert und „einen draufgemacht“?

Der Vater bestätigt den jüngeren Bruder in seinem Weg so, als ob ihm die Werteordnung des Älteren nichts gilt. *Und der Vater toppt das Ganze sogar noch dadurch, dass er dem Jüngeren den Ring ansteckt.* Er lässt damit keinen Zweifel daran, dass er ihn wieder vollgültig in die Sohnesrechte einsetzt, als ob dieser nicht bewiesen hätte, dass er der Verwaltung und Verantwortung des Besitzes des Vaters nicht gewachsen ist. Der ältere Bruder muss glauben, dem Vater gelte seine aufopfernde Treue nichts. *Der Vater selbst verrät das Evangelium, das der Ältere gelebt und verkündigt hat, und macht gemeinsame Sache mit dem jüngeren Bruder.*

Das kommt einem Erdrutsch gleich: Die Ethik als Grundlage unserer und jeder Gesellschaftsordnung, die Gesetzgebung als Verlautbarung dieser Ethik, in deren Namen unzählige Urteile gefällt und vollstreckt, Kriege geführt und Völker vernichtet wurden, wird relativiert. Sie gilt nur noch für die, die sie wichtig finden. Die Botschaft der Synagoge und Kirche bezüglich der Gebote Gottes kann vergessen werden, wenn der allzeit und alle liebende Vater sich selbst nicht mehr um seine Gebote kümmert. Im Grunde lässt er doch damit den Älteren in Bezug auf seinen rechtschaffenen und treuen Dienst im Stich und verbündet sich mit dem, der nur sein eigenes Fortkommen im Sinn hatte. Ist die Lehre dieser Geschichte und unserer Geschichte von den zwei Söhnen, dass der Unbekümmertste, Verkommenste, Schamloseste siegt?

> Der ältere Sohn wurde zornig und wollte nicht hineingehen. Da ging sein Vater heraus und bat ihn, hereinzukommen. Er antwortete aber und sprach zu seinem Vater: Siehe, so viele Jahre diene ich dir und habe dein Gebot noch nie übertreten, und du hast mir nie einen Bock gegeben, dass ich mit meinen Freunden fröhlich gewesen wäre. Nun aber, da dieser dein Sohn gekommen ist, der dein Hab und Gut mit Huren verprasst hat, hast du ihm das gemästete Kalb geschlachtet. Er aber sprach zu ihm: Mein Sohn, du bist allezeit bei mir, und alles, was mein ist, das ist dein. Du solltest aber fröhlich und guten Mutes sein; denn dieser dein Bruder war tot und ist wieder lebendig geworden, er war verloren und ist wieder gefunden."

Es ist, als ob Vater und Sohn in unterschiedlichen Welten leben. Der Vater schaut an der Problematik des Ältesten einfach vorbei. Sieht er ihn überhaupt, und sieht er die Verzweiflung? Was ist das für ein Vater, der weder auf das Schuldbekenntnis seines Jüngsten noch auf die verzweifelten Vorwürfe seines Ältesten eingeht?

Die Frage, ob der Jüngere die Beziehung zum Vater *außerhalb* der Werteordnung oder der Ältere sie *in* der Werteordnung suchte oder verlor, scheint nicht wichtig zu sein, obwohl diese Werteordnung in unseren Kirchen Jahrhunderte hindurch zur zentralen Botschaft gehörte. Das Thema des Vaters ist anscheinend nur die Beziehung zwischen seinen Söhnen und ihm selbst.

➔ *Er denkt in einem anderen Gegensatz. Nicht: „Du hast mir gedient, während er alles verprasst hat", sondern: „Du bist allezeit bei mir, dein jüngerer Bruder war nicht allezeit bei mir!"*

Was soll er antworten? Vielleicht so:

> „Vater, so ist es gar nicht. Äußerlich bin ich zwar bei dir, aber innerlich bin ich weiter weg, als mein Bruder es war. In meiner Fantasie bin ich über alle Berge, habe gekündigt, bin ausgelaugt, bin längst bei den Schweinen, auch wenn oder gerade weil ich mich äußerlich so sehr bemühe, die Erwartungen zu erfüllen, die an mich gerichtet sind! Ich fühle mich nicht bei dir und erkenne diese Welt nicht als eine, die mir zusammen mit dir gehört."

Oder so:

> „Vater, ich habe nie ernst genommen, dass du mich wirklich als Partner siehst. Ich habe nie verstanden, in welchem Sinne ich dein Stellvertreter und Bevollmächtigter bin. Du setzt anscheinend viel mehr voraus, als ich fühle. Ich fühle mich höchstens als Gast, Kind oder Sklave in einer Welt, die mir nicht gehört. Aber ich soll sie als unsere gemeinsame Welt ansehen und in ihr Vollzieher deines väterlichen Handelns sein?! Das ist mir zu viel. Das kann ich nicht! Wie sollte ich es auch können? Wenn ich ehrlich bin, will ich mich einerseits genauso fallen und gehen lassen wie mein jüngerer Bruder. Und andrerseits bin ich mir dazu zu gut. Ich stresse mich ab in diesem Konflikt und bin neidisch, gekränkt und wütend, dass mein Bruder sich dem eigentlichen Problem einfach nicht stellt und dafür letztlich auch noch belohnt wird."

Bildlich gesprochen steht der ältere Sohn in seiner Kränkung dem Vater wie der heimkommende Jüngere *gegenüber* und hofft wie dieser, von seinem Vater geliebt, an- und aufgenommen zu werden. Aber der Vater sieht ihn in einer anderen Position. Er sieht ihn, sozusagen in Tuchfühlung, *neben sich* stehen. Der Vater glaubt seinen älteren Sohn als eins mit sich selbst, als einen Mitvollzieher seiner Väterlichkeit.

Dieses Bild würde von dem älteren Sohn eine Umkehr von 180 Grad verlangen. Er müsste aus seiner kindlichen Haltung als verärgerter Bittsteller heraustreten und den Stand einnehmen, den der Vater ihm neben sich selbst gegeben hat. Hier, an diesem seinem Platz, würde er die Einheit mit dem Vater erfahren, nach der er sich im Tiefsten sehnt.

Eine Wendung um 180 Grad, das wäre eine *Bekehrung*. Genau darum geht es heute für die Kirche.

➔ *Es ist am älteren Bruder, sich zu bekehren. Es ist an der Kirche, sich zu bekehren. Es ist an den etablierten Christen, sich zu dem Vater zu bekehren, den sie so bisher nicht kannten. Sie müssen ihre Erkenntnisposition aufgeben, die sie bisher als die einzig richtige vertraten.*

Der jüngere Bruder hat vor aller Welt sichtbar die Beziehung zum Vater verloren, die der ältere Bruder in ganz gleicher Weise, aber unsichtbar, auch verloren hat. Das ist es, was die Bibel unter „Sünde" versteht.

In der Kirche wird dieses Gleichnis von den verlorenen Söhnen als Evangelium oft so gelesen, als ob es nur um den *einen* verlorenen Sohn geht, der stillschweigend wieder in die Hausordnung des älteren Bruders aufgenommen werden müsste. Aber die zweite Hälfte des Gleichnisses berichtet von der Verzweiflung des älteren Sohnes, der sich in gleicher Weise von dem Vater entfernt und sich als „Sklave unter dem Gesetz“ erfährt. Der Vater bittet den Ältesten, aus seinem Dienst- und Abhängigkeitsverständnis heraus und in das Haus des Vaters hereinzukommen.

Es scheint darum zu gehen, dass die Brüder ihren je eigenen Weg zu ihrer inneren Übereinkunft mit sich selbst und mit dem Vater finden müssen, und dass sie sich gegenseitig gerade in ihrer Unterschiedlichkeit und Unverwechselbarkeit, im Finden ihrer je eigenen Identität zu hilfreichen Begleitern statt zu Konkurrenten werden sollen.

In den Kirchen wird diese Art der vom Vater gewünschten Einheit gerade durch die dogmatischen Einigungsversuche häufig konterkariert, weil sie sich damit der „Einheit aus der Erkenntnis“ unterstellen und genau dieses Anliegen des Vaters, dass sie alle in ihrer Unterschiedlichkeit und dem unterschiedlichem Bezug zu dem Vater eins sein sollen, aus den Augen verlieren.

Aus meiner Sicht enthält das Gleichnis von den verlorenen Söhnen eine sehr deutliche Anfrage an alle etablierten Christen und an jede zu einer Institution oder kulturellen Instanz gewordene Religion. Es stellt die Art der Bewertung von Dogmatik und Mission, wie sie in den letzten Jahrhunderten und auch heute noch weitläufig betrieben wird, in ein kritisches Licht. Es stellt die Frage:

➔ *Was von dem, was du in deiner religiösen Erkenntnis tradierst und praktizierst, ist dir selbst zu einer existentiellen Erfahrung geworden, die als sich ständig erneuernder Quell deine innere Sehnsucht stillt und den Graben zwischen dir und dem Vater, und dir und deinem Bruder schließt?*

➔ *Nur solch eine Erfahrung würde dich frei machen, dich als Glied der eigentlichen und verborgenen Kirche Jesu Christi zu verstehen, dich von den Fesseln einer erkenntnismäßig richtigen, aber kein Leben spendenden Religion zu lösen und deinem Bruder, der einen ganz anderen Weg geht, ohne Neid hilfreich zur Seite zu treten.*

Der Vater des Gleichnisses sagt zum älteren Sohn:

> „Mein Sohn, du bist allezeit bei mir, und alles, was mein ist, das ist dein.“

Wenn er wirklich beim Vater in Einheit mit ihm ist und wenn er sich wirklich als der Freigesetzte und Herr über seinen Besitz begreift, dann ist er *zuvor* in der Seele „satt“ geworden und muss weder den Vater um etwas Fehlendes bitten noch seinen Bruder um das beneiden, was der Vater ihm gibt. Der jüngere Bruder brauchte seinen langen Weg, bis er bei seinem Vater angekommen ist. Der Ältere muss noch seinen eigenen Weg hinter sich bringen, bis er seinen Besitz loslassen kann und seine Sehnsucht in den Armen des Vaters gestillt sieht. Er muss diese Quelle finden, aus der alles andere fließt.

Die Frage des älteren Bruders ist falsch gestellt: „Wieso habe und bekomme ich nicht das, was du dem jüngeren Bruder gibst?“ Er muss die Frage anders stellen, nämlich: „Wieso kann ich das alles, was mir längst gehört, nicht annehmen, mich dessen freuen und es in Einheit mit dem Vater und in aller Freiheit pflegen, behüten und genießen?“

Der Jüngere hat auf seinem Weg gefunden, was der Ältere ihm nur zugestehen will, wenn er auch die Lasten auf sich nimmt, die er als Älterer getragen hat. *Aber er als Älterer hat unter seiner Last diese Nähe zu seinem Vater gerade nicht gefunden.*

Jetzt, wo der Vater die Freude über den wieder lebendig gewordenen jüngeren Sohn mit ihm teilen will, wird die Tragik der Geschichte des Älteren erst sichtbar und bewusst. Diese Tragik sehe ich in der Postmoderne darin, dass der Ältere - das kirchliche Integrations- und Hochkulturmilieu - das zentrale Anliegen des Vaters neben seiner eigenen Weise, ihm gerecht werden zu wollen, aus den Augen verloren hat. Er hat vergessen, woraus sich die Potenz seines Standes als Sohn speist, ja dass er ihr selbst die Kraft nimmt, indem er sich in seinem Eigentum wie ein Sklave benimmt. Er hört zwar den zentralen Ruf, seine Freiheit zu lieben. Aber er kennt die Kraft dieser Art von Freiheit nicht.

Man könnte meinen: Er kann doch an seinem jüngeren Bruder sehen, dass es auf etwas anderes ankommt und dass er aufgeben kann, sich um zweitrangige Wichtigkeiten zu mühen. Aber das kann er nicht, denn er hat seinen Lebenssinn daraus bezogen, dass er sich so sehr müht, und er hat diese Mühen so legitimiert: „So lange habe ich *dir* gedient“. Wenn er nun erkennen muss, dass dieses „dir dienen“ nur eine Rationalisierung seines eigenen Interesses war, wenn das, was er als „christliche Tugend“ ausgab, im geistlichen Sinne vergeblich und nur in „weltlichem“ Interesse von Belang war, dann müsste ihn das in seiner Scham zutiefst verletzen. Denn dann hätte er das Anliegen des Vaters, um dessentwillen er dieses alles auf sich nahm und seine eigenen Lebenswünsche verleugnete, im Kern missverstanden. Er wird diesen Schritt wohl erst vollziehen können, wenn er selbst der Liebe des Vaters begegnet und von ihr her neue Prioritäten gewinnt.

➔ *Dem älteren Sohn ist die Einigkeit mit dem Vater verstellt, solange er sich neidisch oder erzieherisch mit dem Jüngeren beschäftigt, solange er den Segen des jüngeren Bruders sucht, anstatt seinen eigenen anzunehmen, solange er seinen Platz an der Seite des Vaters und den direkten Kontakt zu ihm selbst nicht findet.*

Die „Sünde“, die Trennung des Älteren vom Vater, besteht nicht so sehr in äußerlich sichtbaren und an Geboten messbaren Dingen. Sie liegt auch bei dem Jüngeren nicht erst in seiner Hurerei und Spielsucht, die jeder sieht. Sondern sie beginnt bei dem Jüngeren dort, wo er den Vater verlässt, und sie liegt bei dem Älteren dort, wo er zu seinem Vater den inneren Kontakt verliert, zugleich aber seine Kultur und Lebensroutine so betreibt, als würde sie aus diesem Kontakt heraus geschehen.

Das meint die Bibel, wenn sie sagt, dass das Leben den Tod gebiert, wenn es aus der Erkenntnis um Gut und Böse statt aus dem Geist Gottes gelebt wird.

Es geht um die Kirche

Als ich bei der Überarbeitung meiner Texte hier angelangt war, ging es mir nicht gut. Ich warf mir vor, den älteren Bruder wiederum im Stich zu lassen, ihn mit biblischen Geschichten abzuspeisen, zugleich aber nicht präzis zu sagen, was genau ich meine und wie eine Alternative zu seinem Verhalten aussehen könnte. Darum will ich jetzt auf zwei Fragen eingehen:

- Was ist das eigentliche Missverständnis des älteren Bruders?
- Was wäre die Alternative?

Das Missverständnis

Im Neuen Testament gibt es mehrere Briefe des *Apostels Paulus* an unterschiedliche Gemeinden. Darin geht er immer wieder auf den Unterschied zwischen dem „Leben unter dem Gesetz“ (wie der ältere Bruder im Gleichnis) und dem „Sein in Christus“ (wie der jüngere Sohn *nach* seiner Rückkehr zum Vater) ein. Paulus wird nicht müde, diesen Gegensatz als in einer Existenz unvereinbar zu betonen. Er sagt sinngemäß: Du kannst nur in einer Weise existieren: entweder unter dem Gesetz oder in Christus. Wenn du „in Christus“ bist, dann bist du ein anderer Mensch, als wenn du „unter dem Gesetz“ bist. In Christus bist du frei vom Gesetz. Du lebst aus einem anderen Geist, nämlich aus dem Geist Christi, und bist nicht mehr dem Gesetz unterworfen. Dazu sei ein Satz von *Paulus* an die Christen in Galatien zitiert:

> „Weil wir aber nun wissen, dass der Mensch durch Werke des Gesetzes nicht gerecht wird, sondern durch den Glauben an Jesus Christus, sind auch wir zum Glauben an Jesus Christus gekommen, damit wir gerecht werden durch den Glauben an Christus und nicht durch Werke des Gesetzes; denn durch Werke des Gesetzes wird kein Mensch gerecht.“[31]

Das „Missverständnis“ der Kirchen liegt nun darin, dass sie es bis heute nicht vermochten, ihre Botschaft grundsätzlich in der von *Paulus* beschriebenen Konsequenz vom ethischen System des Gesetzes abzulösen. Schon die frühen reformatorischen Kirchen führten unter dem Stichwort „Seelsorge“ die Kirchenzucht ein, was nichts anderes bedeutete, als den Weg des Gesetzes wieder aufzurichten: Die Menschen zu lehren, was gut und was böse ist, und sie dann mit allen Mitteln anzuhalten, das, was sie nun wussten, auch zu tun.

In den Kirchen gibt es die Angst, dass man andernfalls der Willkür und „dem fleischlichen Leben“ die Tür öffnet. Das bedeutet: Die Kirchen rechnen in ihrer Angst nicht mit der real im Einzelnen wirksam werdenden Kraft einer neuen Gerechtigkeit durch den Geist Gottes, sondern sie glauben, ihre Schäfchen durch den „Zuchtmeister des Gesetzes“ zumindest solange erziehen zu müssen, bis sie darin erwachsen geworden sind. Aber Paulus widerspricht dem entschieden:

---

[31] Galater 2,16.

„Nachdem also der Glaube gekommen ist, sind wir nicht mehr unter dem Zuchtmeister [des Gesetzes].“[32]

Ich wurde schon gefragt, ob ich mich so weit auf die Seite des verlorenen Sohnes schlagen und die konservativ argumentierenden Christen „ablehnen“ würde, dass ich wie die 68er-Revolutionäre das „Gesetz“, die entsprechende ÜBERICH-Formation und die gesamte Kultur, die aus ihm erwachsen ist, „abschaffen“ wolle.

Darauf kann die Antwort nur heißen: Als geistlichen Weg und als Quelle christlichen Gemeinschaftslebens verwerfe ich den Weg des Gesetzes in genau der Weise, wie es *Paulus* lehrt. Wenn man die lebendige Kraft des Lebens aus dem Glauben an Jesus Christus erfahren will, dann muss man zugleich auf die ihr entgegenstehende Kraft des Lebens aus der Erkenntnis (des Gesetzes) verzichten. Leben durch, aus oder unter dem Gesetz ist unvereinbar mit dem Leben aus Gott in Jesus Christus.

Im Sinne dieses biblischen Gesetzesbegriffs steht auch der Mensch der „68er-Generation“, der sich gar nicht in die Gegenwart und Wirkkraft des Geistes Gottes in Jesus Christus begibt, „unter dem Gesetz“. Er kann es gar nicht verwerfen. Darin besteht geradezu der „Fluch“ des Gesetzes. Er hat keine andere Kraft, aus der er leben könnte, als seine Erkenntnis. Er lebt „auf sich selbst gestellt“. Er lebt nach der paulinischen Begrifflichkeit „unter dem Gesetz“, ob er sich nun immer strebend bemüht, die Gebote Gottes zu erfüllen, oder ob er versucht, ihnen zu entkommen. Das „Gesetz“ in diesem Sinne ist - wie das ÜBERICH bei Freud - eine in jedem Menschen wirksame Instanz *seines* Geistes, deren mahnender Regulation er sich nicht entziehen kann, es sei denn, dass er sich leiten lässt durch diesen anderen Geist der Liebe des Vaters zu den Menschen und zu seiner Schöpfung.

➔ *Die Kirche zeigt in einem stillschweigenden Bündnis mit dem älteren Sohn, dass sie die Botschaft, zu der sie beauftragt ist, in ihrer Radikalität nicht ernst nimmt, wenn sie sich und anderen suggeriert, dass es hinsichtlich der Verlorenheit des Menschen in seiner Sünde immer noch besser und Gott angenehmer sei, man würde sich wenigstens um die Erfüllung des Gesetzes bemühen. Damit verdeckt sie, dass*

[32] Galater 3,25.

es im Evangelium nur um eine einzige andere Alternative geht.

Der jüngere und der ältere Sohn, beide stehen „unter dem Gesetz“. Sie können seiner Dynamik nicht entraten, es sei denn, sie unterstellen sich dem Geist des Lebens in Jesus Christus. Aus der Sicht des Evangeliums ist klar, dass der ältere Bruder „der Schlange“ ungebrochen dient, während der jüngere versucht, ihr zu entkommen. Diese Dynamik hat *Sigmund Freud* in seinen Reflexionen über das ICH und das ES ausführlich diskutiert. Er hat auch dazu Stellung genommen, wie eng der Rahmen bemessen ist, diese Dynamik positiv zu beeinflussen, und dass kein Mensch prinzipiell aus ihr aussteigen kann.

Welche Funktion hat dann noch das „Gesetz“ für die, die „in Jesus Christus“ sind? Gar keine mehr, denn so sie in Christus sind, werden sie durch seinen Geist geleitet, der selbst ein Geist der Gerechtigkeit ist, ein Geist des fairen, wahren, des liebenden und angemessenen, eben „gerechten“ Umgangs mit Menschen, Tieren, Pflanzen und Dingen. Dieser Geist braucht keine Belehrung durch das Gesetz.

So die Menschen aber aus dem Kontakt zu dieser Quelle in Jesus Christus herausfallen und im eigenen Geist, der eigenständigen Gesetzesdynamik ihrer selbst, wirksam werden, ob für oder gegen das Gesetz, gewinnt die Dynamik des Gesetzes in ihnen unmittelbar wieder Macht über sie. Sie leben wieder in der Unerfülltheit und Leere ihres Lebens und finden das Leben nicht.

Worin liegt somit das Problem der Kirchen?

Mit der Frage nach der Funktion des Gesetzes und der Funktion des Gewissens im Menschen stellt sich die weitere Frage, warum die Kirchen an der Verschleierung dieser Unvereinbarkeit von „Glaube“ und „Gesetz“ so festhalten, warum sie sich nicht deutlicher zum Gesetz als einer nur vorläufigen Ordnung für diese Welt bekennen.

Seit Generationen haben sie gepredigt wie der ältere Bruder. Sie haben geglaubt und gelehrt, wir müssten Gott zuliebe seine Gebote halten, und wenn wir das nicht tun, würde er uns strafen, ja sie nahm sogar für sich in Anspruch, selbst als die Strafende in Gottes Auftrag aufzutreten. Würden wir aber die Gebote halten, könnten wir der wohlwollenden Gnade Gottes sicher sein. So sprechen aber nur der ältere Sohn und die Gesetzeslehrer. *So spricht nicht das Evangelium.*

Das Gebot also formuliert, was unter uns Menschen und für unsere Gemeinschaft gut und nützlich wäre, und als Reflex unserer Erkenntnis meldet sich unser *Gewissen*, wenn wir gegen diese in uns gefühlte Soll-Vorstellung verstoßen. Das ist durchaus eine gute und Orientierung gebende Funktion im Menschen. Wir haben eine Rechtsprechung eingesetzt und Organe, die über der Einhaltung unserer Rechtssatzungen wachen. Aber das ändert nichts daran, dass wir das eigentlich gemeinte Leben, das die Gebote Gottes voraussetzen oder verheißen, nicht haben.

Die Alternative

Wenn das Leben, nach dem wir uns zutiefst sehnen, allein aus dem Sich-Einlassen auf Jesus Christus entsteht, dann muss man sagen: Jesus Christus ist nicht nur aller Religion, sondern insbesondere auch aller religiösen Ethik und aller Hoffnung auf eine machtbasierte Gerechtigkeitslösung Ende.

Über die neutestamentliche Botschaft, dass das in uns wirksame Gesetz (des ÜBERICHS oder Gewissens als Steuerungsinstanz eines evolutionär entstandenen Lebens) durch die Kraft des Geistes Jesu Christi suspendiert wird, ist relativ wenig zu hören.[33] Man hört auch nur selten eine Predigt darüber, in welcher Weise und auf welches Ziel hin der Geist Jesu Christi in uns das wirkt, was er bewirkt. Im Gegenteil, man muss schon vorsichtig sein, wenn man überhaupt solch eine Frage stellt. Denn leicht kann es einem sonst passieren, dass man allein der Frage wegen zu einem „charismatischen Schwärmer“ oder „Mystiker“ abgestempelt wird, wobei mit dem Begriff „Mystik“ wiederum eine eindeutig negative Konnotation intendiert wird im Sinne „weltfremder Askese“ oder „gnostischer Esoterik“.

Paulus formuliert die Alternative so:

> „Er gebe Euch erleuchtete Augen eures Herzens, damit ihr erkennt, zu welcher Hoffnung ihr berufen seid und wie reich die Herrlichkeit seines Erbes für alle Heiligen ist, und wie überschwänglich groß seine Kraft in uns [...] wirk-

---

[33] Die von Søren Kierkegaard eingebrachte „teleologische [auf das Ziel hin bezogene] Suspension des Ethischen’ gehört genau hierher und sollte jedem Theologen eine geläufige Denkfigur sein.

sam ist, mit der er auch in Christus gewirkt hat. Es ist dieselbe Kraft, durch die er Jesus Christus von den Toten auferweckt und zu seiner Rechten im Himmel eingesetzt hat."[34]

Ist Paulus also ein Mystiker, der unsere Metamorphose in einen Geistleib schon hier auf der Erde betreibt? Ist er ein Esoteriker, der sich mit dem Weltgeist verbindet? Nein, im Gegenteil. Sein erklärtes Ziel ist, dass wir durch den Geist Gottes, der in Jesus Christus lebendig ist, zu dem Menschen erweckt werden, als den Gott uns von Anfang an gedacht hat:

➔ *Ihm ein Gegenüber und ein Wirker seiner Werke in der Welt zu sein, zusammen mit ihm und an seiner statt.*

Es geht darum, dass die Kirche den Menschen gerade darin zu einem hilfreichen Begleiter werden soll, sich von der Schuld-Sühne-Dynamik des Gesetzes befreien zu lassen und Jesus Christus anzuschauen, damit neues Leben in ihnen und durch sie in der Welt entstehen kann.

Davon redete auch der katholische Theologe *Karl Rahner*, wenn er von der Kirche des 21. Jahrhunderts forderte, eine „Mystagogik" zu entwickeln, eine Weise, wie sie den einzelnen Menschen auf *seinem* Weg mit Gott aufsucht und ihn in einer lebendigen und klaren Beziehung zu ihm begleitet. Und er meinte dieses so ernsthaft, dass er sagen konnte: *Der Christ der Zukunft wird ein Mystiker sein, oder er wird nicht mehr sein.*[35] Auf dieses eine, nämlich Gott in seinem unmittelbaren Begegnen zu finden und aus ihm heraus zu leben, kommt es an. Auftrag der Kirche ist es, den Menschen darin dienstbar zu sein. *Das ist die Alternative.*

Was soll aber jener?

Der Einzelne

Vielen Konservativen und vielen Christen unter ihnen fällt der wahrgenommene „Zerfall" der gemeinschaftsbindenden Werte schwer, der darin liegt, dass nicht mehr die gemeinsame Er-

---

[34] Epheser 1,18-20.

[35] Karl Rahner, Zur Theologie und Spiritualität der Pfarrseelsorge, in: Karl Rahner, *Schriften zur Theologie,* Bd. 14 (Benziger: Zürich, 1980), 161.

kenntnis oder die gemeinsame Ethik das eigentlich „Verbindliche“ unter den Christen und Kirchen ist. Sie können sich nicht damit abfinden, dass es „nur noch“ um eine Art „Innerlichkeit des Einzelnen“ gehen soll.

Ja, das mag schlimm sein. Eine Jahrhunderte währende christliche Gemeinschaftskultur zerbricht. Aber wir haben gesehen, dass das spezifisch „Christliche“ im Evangelium und, wie uns die Apostel lehren, auch schon im Alten Testament aus *dem Glauben* hervorgeht und dass sich aus dieser Quelle auch alles speist, wovon die Bibel als „Gemeinschaft der Gläubigen“, als „Braut Gottes“ oder als „Gemeinde der Heiligen“ redet. So mag es zwar eine kulturelle Tragödie sein, dass die so genannte „christliche Kultur“ mit ihren Jahrhunderte geltenden Traditionen zerfällt. Aber das Ende des Glaubens, der Gemeinschaft von Gläubigen, und erst recht der Gemeinde Jesu Christi ist es nicht.

Schon Petrus, „der Fels“, auf dem die Gemeinde Gottes gebaut ist, hatte gleich zu Beginn der Kirche mit dieser „Vereinzelung“ ein Problem. Um das zu verstehen, schauen wir uns die Stellen in den Evangelientexten an, die das bezeugen.

Jesus hatte seine Jünger gefragt: Wer sagt denn ihr, dass ich sei? Petrus antwortete:

> „Du bist Christus, des lebendigen Gottes Sohn! Und Jesus antwortete und sprach zu ihm: Selig bist du, Simon, Jonas Sohn; denn Fleisch und Blut hat dir das nicht offenbart, sondern mein Vater im Himmel. Und ich sage dir auch: Du bist Petrus, und auf diesen Felsen will ich meine Gemeinde bauen, und die Pforten der Hölle sollen sie nicht überwältigen. Und ich will dir des Himmelreichs Schlüssel geben: Alles, was du auf Erden binden wirst, soll auch im Himmel gebunden sein, und alles, was du auf Erden lösen wirst, soll auch im Himmel los sein.“ [36]

Das scheint ein klarer Auftrag zu sein, und nicht nur das, sondern auch zugleich eine Ausstattung mit Macht. Petrus mag Jesus zunächst so verstanden haben wie später auch die katholische Kirche. Aber dann werden noch zwei andere Ereignisse berichtet, die das Ganze in ein anderes Licht rückten.

---

[36] Matthäus 16,15-19.

Kurz vor seiner Hinrichtung war Jesus mit seinen Jüngern zu einem letzten gemeinsamen Essen zusammen und sagte dabei zu Petrus:

> „Simon, Simon, siehe, der Satan hat begehrt, euch zu sieben wie den Weizen. Ich aber habe für dich gebeten, dass dein Glaube nicht aufhöre. Und wenn du dann umkehrst, so stärke deine Brüder. Er aber sprach zu ihm: Herr, ich bin bereit, mit dir ins Gefängnis und in den Tod zu gehen. Er aber sprach: Petrus, ich sage dir: Der Hahn wird heute nicht krähen, ehe du dreimal geleugnet hast, dass du mich kennst."[37]

Diese Ankündigung Jesu hat sich für Petrus in bitterer Weise erfüllt. Er verriet Jesus wirklich. Er war nicht der Held, für den er sich gehalten hatte, und damit anscheinend auch nicht der Fels, auf den Jesus seine Gemeinde hatte bauen wollen.

Aber nach der Auferstehung Jesu kommt es wieder zu einer Begegnung zwischen ihm und Jesus:

> „Da sie nun das Mahl gehalten hatten, spricht Jesus zu Simon Petrus: Simon, Sohn des Johannes, liebst du mich mehr, als mich diese lieb haben? Er spricht zu ihm: Ja, Herr, du weißt, dass ich dich lieb habe. Spricht Jesus zu ihm: Weide meine Lämmer! Spricht er zum zweiten Mal zu ihm: Simon, Sohn des Johannes, hast du mich lieb? Er spricht zu ihm: Ja, Herr, du weißt, dass ich dich lieb habe. Spricht Jesus zu ihm: Weide meine Schafe!"[38]

Dreimal fragt Jesus ihn - in Erinnerung an seinen dreimaligen Verrat. Aber warum fragt er so? Will er ihm sein moralisches Versagen vorhalten? Nein, sondern es ist wie im Gleichnis von den verlorenen Söhnen: So wie der Vater sich kaum für die Schuld interessiert, die der jüngere Sohn ihm gesteht, so kommt von Jesus keinerlei Hinweis, dass er den Verrat des Petrus als ein Zerwürfnis zwischen sich und ihm und eine Infragestellung seines Auftrags an Petrus versteht. Im Gegenteil, Jesus macht Petrus dreimal bewusst: *Nicht dein Verrat oder deine Charakterstärke ist der Fels, auf den ich baue, sondern deine Liebe zu mir, deine Folgebereitschaft, die du selbst in dir spürst*. Und dann sagt Jesus zu Petrus:

---

[37] Lukas 22,31-34.

[38] Johannes 21,15-17.

„Wahrlich, wahrlich, ich sage dir: Als du jünger warst, gürtetest du dich selbst und gingst, wo du hinwolltest; wenn du aber alt bist, wirst du deine Hände ausstrecken und ein anderer wird dich gürten und führen, wo du nicht hinwillst. [...] Und als er das gesagt hatte, spricht er zu ihm: Folge mir nach!“[39]

Das soll heißen: Petrus, als du jung warst - jung im Glauben - hast du dich auf deine eigene Kraft verlassen. Vielleicht hat sie dir manchmal geholfen. Aber sie hat dich auch in die Irre und in den Verrat geführt. In Zukunft wird es anders sein: Ein anderer wird dich führen. Fels bist du nicht darin, dass du charakterfest, unbestechlich, unüberwindbar bist. Fels bist du, indem du deiner Liebe zu mir Raum gibst und ich dich gürte und führe.

Das ist die die gravierendste Erfahrung seines Lebens mit Jesus: seine Umkehr, seine „Bekehrung“ in eine andere Art von Leben.

„Wenn du dann umkehrst, so stärke [darin!][40] deine Brüder.“

➔ *Das meine ich, wenn ich behaupte, die Kirche müsse sich bekehren.*

Nun folgt das Lehrstück, in dem Petrus begreifen soll, was das konkret in Bezug auf die Frage des Einzelnen heißt:

„Petrus aber wandte sich um und sah den Jünger folgen, den Jesus lieb hatte, der auch beim Abendessen an seiner Brust gelegen und gesagt hatte: Herr, wer ist's, der dich verrät? Als Petrus diesen sah, spricht er zu Jesus: Herr, was wird aber mit diesem? Jesus spricht zu ihm: Wenn ich will, dass er bleibt, bis ich komme, was geht es dich an? Folge du mir nach!“

➔ *Dieser „Jünger, den Jesus lieb hatte“ ist Johannes. Er soll „bleiben“, bis Jesus selbst zu ihm kommt und ihm seinen eigenen Weg und Auftrag gibt. Petrus, der Fels, soll ihn darin bestärken: Warte darauf, dass er selbst zu dir kommt und dich führt! Das ist das wahre Amt als Hirte seiner Schafe.*

---

[39] Johannes 21, 18f.

[40] Ergänzt von mir.

Nimmt man diese Perspektive ernst, dann wird die zentrale Aussage des Satzes von *Karl Rahner* durch sie unterstrichen:

➔ *Der Christ der Zukunft, der in einer Welt ohne christliche Leitkultur und ohne entsprechende gemeinschaftssteuernde, von außen leitende Mechanismen aufwächst, wird ein Mystiker sein, ein Glaubender, der sich in die unmittelbare Führung durch den Geist Gottes begibt, oder er wird nicht mehr sein.*

Die Gemeinde

Wo bleibt dann aber die Kirche Jesus Christi, sein „Leib", wenn man den bislang unhinterfragten Begriff auflöst, der die Kirche zugleich als eine institutionalisierte Erkenntnisgemeinschaft versteht, die sich auf die Worte der Bibel als das Fundament ihrer Erkenntnis beruft und die Gebote Gottes als ihren Wertekanon versteht?

Wir hatten aufgezeigt, dass die Kirche sich darin heute zu weiten Teilen mit dem Älteren der beiden Söhne des Gleichnisses in dieser Frage verbunden hat. Und wir wiesen darauf hin, dass der Apostel Paulus gerade von diesem anstrengenden Bemühen des älteren Sohnes und - schon damals! - der christlichen Gemeinden, als von dem „Fluch des Gesetzes" spricht, „von dem uns Jesus Christus erlöst hat".

Wenn zugleich aber dieser Versuch zur Umsetzung der gemeinsamen Ethik, das redliche Bemühen um die Einhaltung dieser Ordnungen Gottes und auch die Umsetzung des schriftlichen Kanons der Bibel in ein soziales oder politisches Programm ein „Fluch" im Sinne des Evangeliums genannt wird, was ist es dann, was die „Gemeinschaft der Gläubigen" ausmacht, die in Christus Jesus ist? Hierauf gibt das 11. Kapitel des Briefs an die Hebräer eine Antwort:

> „*Es ist aber der Glaube eine feste Zuversicht dessen, was man hofft, und ein Nichtzweifeln an dem, was man nicht sieht.* In diesem Glauben haben die Alten Gottes Zeugnis empfangen. Durch den Glauben erkennen wir, dass die Welt durch Gottes Wort geschaffen ist, dass alles, was man sieht, aus nichts geworden ist. [...] Durch den Glauben hat Noah Gott geehrt und die Arche gebaut [...] Durch den Glauben wurde Abraham gehorsam, als er berufen wurde, an einen Ort zu ziehen, den er erben soll-

> te; und er zog aus und wusste nicht, wo er hinkäme. [...] Durch den Glauben empfing auch Sara, die unfruchtbar war, Kraft, Nachkommen hervorzubringen trotz ihres Alters; [...] Diese alle sind gestorben im Glauben und haben die Verheißungen nicht ergriffen, sondern sie nur von ferne gesehen und gegrüßt und haben bekannt, dass sie Gäste und Fremdlinge auf Erden sind."[41]

Dies ist wie auch die darauf folgende Auflistung alttestamentlicher Vorbilder des Glaubens eine Rede über die Gemeinde Gottes, wie sie auch heute und heute erst recht existiert. Zu dieser Gemeinde stellen wir uns im Glaubensbekenntnis.

➔ *Aber von einer „Institution Kirche" ist da nicht die Rede, auch nicht von einem festgelegten Kanon der Bibel und nicht vom Gesetz als Grundlage dieser Wertegemeinschaft.*

Wenn Christen eine Kirche „gründen", so gründen sie damit nicht die Gemeinde Gottes als „Leib", sondern sie organisieren ihr Leben als Menschen und Christen in dieser Welt und glauben und hoffen, dass sie dies als Glieder der einen Gemeinde Gottes tun. Die *baptistischen Kirchen* zum Beispiel haben das im Anfang des vorigen Jahrhunderts sehr gut begriffen, als sie ihre Versammlungen als „Eingetragene Vereine" gründeten. Sie hatten verstanden, dass sich geistliches Leben als wahre und lebendige Innerlichkeit innerhalb dieses weltlichen Lebens und seiner organisatorischen Formen vollzieht. Später sprachen sie von ihren Gemeinden unmittelbar als „Familien Gottes". Das war theologisch problematisch, denn dadurch wurde die Botschaft wieder unklar, dass ein Christ allein dadurch ein solcher ist, dass er sein Leben in den Glauben an Jesus Christus und dessen Gemeinschaft mit ihm gründet und dass diese Quelle sich allem äußerlich sichtbaren und aktiven Organisieren entzieht.

Für meine Begriffe ist das Verhältnis unseres gegenwärtigen Lebens, in welchem das ewige Leben als innere Kraft wirksam ist, am deutlichsten in der Kultur der *Ikonologie* der *Orthodoxen Kirchen* reflektiert. In der Ikone als Bild des Lebendigen scheint Gottes Gegenwart auf. Aber zugleich kann niemand zu Lebzeiten hinter diese Ikone in Gottes Gegenwart hinein eintreten, und auch in dem Bild selbst ist er materiell nicht zu greifen. Die

---

[41] Hebräer 11,1-13.

Wand der *Ikonostase* bezeugt Gottes Gegenwart und verhüllt sie zugleich.

Der Geist Gottes teilt sich dem, der ihm sein Herz und seine Sinne öffnet, persönlich mit. Er begegnet uns wie durch einen Vorhang hindurch, der ihn unserem unmittelbaren Zugriff entzieht und sich unserer demütigen Hinwendung zugleich öffnet.

Mystik ohne Religion?

Das alles klingt nun allerdings so, als würde geistliches Leben zugleich in der innersten und eigentlichen Kraft dieser Welt gründen, in der Kraft, aus der sie entstanden ist und in der sie sich vollendet. Obendrein wird Jesus Christus als der Mensch und Gottessohn vorgestellt, der Ursprung und Ziel aller Wege Gottes ist, auf den hin sich dieses alles vollzieht. *Ja, genau so ist es auch gemeint*. Zugegeben: es ist eine atemberaubende Vorstellung.

Wenn das so wäre, worin könnte dann die Haltung eines Menschen bestehen, der es wagt, das Gespräch mit diesem Gott und mit diesem Jesus Christus aufzunehmen? Vielleicht kann eine erste Antwort darauf wieder im Gleichnis von den verlorenen Söhnen liegen. Dazu will ich in der Folge auf die dreigliedrige Antwort des Vaters an seinen ältesten Sohn eingehen:

- Du bist allezeit bei mir.
- Alles, was mein ist, ist dein.
- Du solltest fröhlich und guten Mutes sein.

<u>Du bist allezeit bei mir</u>

Der Vater sagt: *„Mein Sohn, du bist allezeit bei mir!*“ Der Gegensatz, der sich auf den jüngeren Bruder beziehen würde, heißt: *„Dein jüngerer Bruder war nicht allezeit bei mir*!“ Das heißt: Du brauchst keinen Weg zurückzulegen, um zu mir zu kommen. Mein Name ist: „Ich bin da!“ Und dein Name ist: „Du bist allezeit bei mir!“

Unter dem Einfluss des europäischen Denkens haben wir aus dem Namen Gottes „Ich-bin-da“ eine „Allgegenwart Gottes“ gemacht. Aber so war der Name des Gottes Israels nicht gemeint. Dieser Gott stellt sich in seinem Namen nicht als „ewig Seiender“ vor oder als „unbewegter Beweger“, sondern eher als ein geschichtlicher Gott, ein „laufender“ Gott, ein sich kümmernder, ein begegnender Gott. In diesem sich Kümmern und Begegnen ist er allezeit da. Im Hebräischen hat dieser Name zwei Aspekte: „Ich bin mit dir da, wo du jetzt bist!“ und „Ich werde mit dir da sein, wohin du jetzt gerade gehst!“ Das ist keine quasi objektive, zeitlose Allgegenwart, sondern ein „Jetzt und gleich und danach immer wieder“:

- „Wo du bist, da bin ich mit dir!“
- „Wo du warst, da bin ich schon immer mit dir gewesen!“
- „Wo du hingehst, da gehe ich dir voraus!“
- „Wo du auch bist, du bist allezeit bei mir!“

Das Problem, an dem der ältere Sohn leidet, ist bei genauer Betrachtung nicht die fehlende Nähe zum Vater, der fehlende Segen oder ein fehlender Auftrag. Das alles „hat“ er. Aber er befindet sich dieser Nähe, diesem Segen und Auftrag gegenüber in einer Art „Anästhesie“. Er spürt sie nicht, er kann sie nicht in sein Leben hereinholen. Er kann sein Kopfwissen um diese Dinge nicht zu einer lebendigen Gewissheit seines Herzens werden lassen. Vielen geht es so. Oft verfallen sie dann in einen Aktionismus, der den empfundenen Mangel stillen soll durch „mehr desselben“:

- Wer über die persönliche Beichte zur Erfahrung der Vergebung gekommen ist, sucht noch gründlicher nach seinen Sünden, um die Befreiung noch tiefer zu erfahren.
- Zu wem Gott durch die Bibel geredet hat, der liest jetzt noch mehr die Bibel, um Gottes Wort zu hören.
- Die Lobpreisleute singen, bis sie von ihren Depressionen nichts mehr spüren.
- Die Charismatiker wollen immer wieder neu den Geist Gottes und seine Segnungen erfahren.

Das alles kann auch geschehen, um die innere Leere und das Gefühl der Uneigentlichkeit zu überspielen.

Kann man etwas anderes tun?

➔ *Die verborgene „Sünde“, das heißt die Sonderung des älteren Bruders vom Vater, besteht nicht in der fehlenden Vergebung und Nähe des Vaters, nicht im fehlenden Fleiß des Bibellesens, nicht im traurigen Gemüt und nicht in der fehlenden Hochstimmung eines gerade gesegneten Geistes, sondern darin, dass er sich nicht auf sich selbst, auf seinen persönlichen Weg und Stand einlassen, an seinen Ort stellen, in seine Berufung an der Seite des Vaters eintreten kann.*

Wenn er die Wendung vollziehen könnte, dass er an dem Platz, an dem er sich befindet und so wie er ist, den Vater vollgültig vertritt; wenn er also die ihm von seinem Vater angetragene Partnerschaft annehmen würde, dann könnte er den Stolz und die Freude eines erwachsenen Sohnes erleben, der zusammen mit dem Vater den jüngeren Bruder empfängt. Er würde erleben, wonach auch der „postmoderne Mensch" sich sehnt: Sich zu verwirklichen als der, der er schon ist und als der allein er sich verwirklichen kann. *Er würde Identität mit sich selbst in Übereinstimmung mit dem Vater erleben!*

Das also wäre das erste: Sich der Gegenwart Gottes im Hier und Jetzt und in jedem weiteren Schritt, ob weinend, lachend, flüchtend oder standhaltend, singend, kämpfend oder betend, zu stellen, sich ihrer bewusst zu werden, sie ernst zu nehmen und ihr Potential auszuschöpfen.

Eine weitere Evangeliengeschichte zeigt, wie es aussehen kann, die Nähe des „Ich-bin-da" wahrzunehmen und aus seiner Quelle zu schöpfen:

> „Da kommt eine Frau aus Samarien, um Wasser zu schöpfen. Jesus spricht zu ihr: Gib mir zu trinken! Denn seine Jünger waren in die Stadt gegangen, um Speise zu kaufen. Da spricht die samaritische Frau [eine Heidin] zu ihm: Wie, du, ein Jude, erbittest etwas zu trinken von mir, einer samaritischen Frau? Denn die Juden haben keine Gemeinschaft mit den Samaritern. - Jesus antwortete und sprach zu ihr: Wenn du erkenntest die Gabe Gottes und wer der ist, der zu dir sagt: Gib mir zu trinken!, du bätest ihn, und er gäbe dir lebendiges Wasser. Spricht zu ihm die Frau: Herr, du hast doch nichts, womit du schöpfen könntest, und der Brunnen ist tief; woher hast du denn lebendiges Wasser? Bist du etwa mehr als unser Vater Jakob, der uns diesen Brunnen gegeben hat? Und er hat daraus getrunken und seine Söhne und sein Vieh. Jesus antwortete und sprach zu ihr: Wer von diesem Wasser trinkt, den wird wieder dürsten; wer aber von dem Wasser trinkt, das ich ihm gebe, den wird in Ewigkeit nicht dürsten, sondern das Wasser, das ich ihm geben werde, das wird in ihm eine Quelle des Wassers werden, das in das ewige Leben quillt. Spricht die Frau zu ihm: Herr, gib mir dieses Wasser!"[42]

---

[42] Johannes 4,7-15.

Das hebräische Wort für „Seele“ heißt *näfäsch,* was auch „Kehle“ bedeuten kann. Eine Kehle braucht nicht salziges und nicht brackiges, sondern süßes, fließendes, das heißt „lebendiges“ Wasser, damit sie ohne Gefahr ihren Durst löschen kann. Das Wasser ist ein Symbol für den Lebensgeist Gottes. Um dieses Wortspiel dreht sich die Unterhaltung der beiden.

Die Frau stellt zwei grundsätzliche Fragen:

- Kann oder darf ein „normaler Mensch“ überhaupt das Wasser, den Geisthauch des „Ich-bin-da“, schöpfen?
- Muss man dazu besondere Voraussetzungen haben?

Die Antwort heißt: Wenn du ihn bittest, gibt er dir lebendiges Wasser; um Teil zu haben am Geist Gottes bedarf es keiner Voraussetzung. Da sie ihn nun bittet, ihr das Wasser zu geben, kommt Jesus ohne weitere Voraussetzungen „zur Sache“:

> „Spricht die Frau zu ihm: Herr, gib mir dieses Wasser, damit mich nicht dürstet und ich nicht herkommen muss, um zu schöpfen! Spricht er zu ihr: Geh hin, ruf deinen Mann und komm wieder her! Die Frau antwortete und sprach zu ihm: Ich habe keinen Mann. Jesus spricht zu ihr: Du hast richtig gesagt: »Ich habe keinen Mann.« Denn fünf Männer hast du gehabt, und der, den du jetzt hast, ist nicht dein Mann; das hast du recht gesagt. Die Frau spricht zu ihm: Herr, ich sehe, dass du ein Prophet bist.“[43]

Er weist sie zum Durst ihrer Seele: In ihr ist eine Leere, eine tiefe Sehnsucht nach Liebe und Leben. Sie glaubte, dass sie diese Sehnsucht dadurch stillen oder vergessen könnte, dass sie sich mit einem Mann nach dem anderen einlässt. An diese Wahrheit ihres Mangels und ihrer Sehnsucht führt Jesus sie.

Auch wir müssen uns der „Arbeit unserer Seele“ und dem Schmerz dieser Arbeit stellen: der Sehnsucht und dem Schmerz, die in uns sind, der Trauer und Klage, der Kränkung und Bitterkeit. Das geschieht nicht aus Lust, „im Schmutz unserer Seele herumzuwühlen“, wie das oft geringschätzig ausgedrückt wird, sondern damit unsere Seele, die unter diesem Schutt begraben liegt, wieder atmen kann.

➔ *Wenn wir bereit sind, ehrlich mit unseren Schmerzen und Sehnsüchten umzugehen, dann werden wir auch befreit,*

---

[43] Johannes 4,15-19.

den Durst unseres Lebens zu erkennen und uns zu ihm zu stellen.

Das „Markenzeichen“ des Geistes Gottes ist, dass er uns zu diesem Durst unserer Seele führt und ihn stillt.

Alles, was mein ist, ist dein

Weiter sagt der Vater des Gleichnisses:

> „Mein Sohn, du bist allezeit bei mir, und alles, was mein ist, das ist dein “.[44]

Wir sagten, die Frage „Was gibst du mir?“ des älteren Bruders sei falsch gestellt. Richtig muss sie heißen: „Warum schöpfe ich das, was mir gegeben ist, nicht aus?“ Die ganze Erde, alle ihre Pflanzen, Tiere und Menschen, alle ihr Ressourcen, alles in ihr liegende Entwicklungspotential?

Das Evangelium bringt nicht etwas objektiv völlig Neues in unsere Welt, sondern es will uns die Augen öffnen für unsere Existenz, dass Gott schon von Beginn an in ihr mit uns ist: „Was von Anfang an war“, was aber uns in unseren Herzen nicht erreicht hat,[45] nämlich, dass der „Ich-bin-da“ in unserem Leben immer schon da ist, dass unsere Welt immer schon sein Haus ist, das Haus, welches er uns von Anfang an in unsere Hände gegeben hat, damit wir es bauen und bewahren, bedienen und behüten, das will das Evangelium uns verkündigen.

➔ *Die Herausforderung der Berufung in die Nachfolge Jesu liegt nicht darin, dass sie uns aus dieser Welt in eine andere ruft, sondern darin, dass sie unser „weltliches“ Leben zu unserem geistlichen Auftrag erklärt.*

Das Leiden dieser Welt wird uns nicht abgenommen oder für nichtig erklärt, im Gegenteil, es wird uns als der von uns zu durchdringende Auftrag neu übergeben.

Du solltest fröhlich und guten Mutes sein

Wer aber garantiert mir, dass ich mich auf diesem Weg nicht verirre - wie der jüngere Bruder - oder mich in einem Frömmig-

---

[44] Lukas 15,31.

[45] Vgl. Johannes 1,1-5.14-16; 1.Johannes 1,1-4.

keits- und Gehorsamsritus verliere - wie der ältere? Auf diese Frage antwortet der dritte Teil der Antwort des Vaters:

> „Du solltest aber fröhlich und guten Mutes sein; denn dieser dein Bruder war tot und ist wieder lebendig geworden, er war verloren und ist wieder gefunden.“[46]

Kann man es viel schlimmer treiben als der jüngere Bruder? Hättest du, bevor er in die äußerste Krise seines Lebens kam, in der ihn die Erinnerung an seinen Vater erreichte, hättest du da für ihn Hoffnung gehabt? Hättest du geglaubt, dass der Vater ihn dort aufsucht und findet? Er ist der Sehnsucht seines Herzens nachgegangen, die ihn offensichtlich ins Verderben führte, und doch hat gerade dieser Weg ihn zum Vater gebracht.

Die Suche des Vaters nach dir, Mensch, hört nicht auf, als bis er dich am äußersten Horizont dieser Welt und in der tiefsten Nacht deines Todes aufgefunden hat. Darum: Du solltest fröhlich und guten Mutes sein... Die Botschaft dieses Vaters an uns ist: „Wo du auch seist, wie tief du dich auch versteckt, vergraben, verrannt, verloren hast: Ich hole dich da raus!“

Das Fest im Gleichnis ist ein Fest des Erinnerns und des Findens der eigenen Identität, ein Fest darüber, dass wir zu unserem ursprünglichen und ureigensten Wesen gefunden haben.

➔ *Es ist das Fest darüber, dass der Vater seine Söhne und Töchter nicht im Tod lässt, sondern dass er sie durch den Tod ins Leben holt. Er ist bei ihnen in der äußersten Verlorenheit. Er findet sie auf und führt sie heraus, um sie in genau die Berufung einzusetzen, auf die hin sie geschaffen sind und nach der sie sich zutiefst sehnen.*

Die christlichen Gottesdienste und alle christlichen Feste sind auf dieses „Fest“ bezogen. Aber, wie uns das Gleichnis zeigt, ist dieser Tag nicht erst dann da, wenn wir alle Probleme losgeworden sind, sondern es ist jeder Tag, an dem ein Mensch den Anschluss ans Leben findet, an das Leben, das untrennbar und ungeschieden in unserem alltäglichen Leben fließt und nach dem jeder Mensch sich in seiner Tiefe sehnt. Es ist Gott, der uns für dieses Leben gemacht hat und es ist Gott, der uns in diesem Leben in unsere Antwort ruft.

---

[46] Lukas 15,32.

Verantwortung in Freiheit

Hören und Antworten

Betrachten wir, wie aus dem Schauen auf Jesus Christus, dem *„Hören" „Ver-antworten"* entsteht. Dazu ein Beispiel:

> Ein etwa siebenjähriges Mädchen steht mitten auf der Straße. Es wollte die Straße überqueren, hatte sich aber verschätzt. Es war nur bis zur Mitte gekommen. Nun strömt vor und hinter ihm der Verkehr vorbei. Niemand scheint dieses zerbrechliche Geschöpf zwischen all den hinter und vor ihm vorbeiziehenden Autos zu bemerken. Aber plötzlich wird der Verkehrsstrom unterbrochen. Einer hält an. Der Fahrer hat die Gefährdung des Mädchens erkannt. Hinter ihm Hupen. Das Mädchen kann die Straße überqueren. Der Verkehrsstrom setzt sich wieder in Gang.

Der Verantwortung geht ein Appell voraus. Ein Autofahrer hat die Gefährdung des Mädchens erkannt. Aber nicht nur das, er fühlte sich in seinem Erkennen aufgerufen, sich dem, was er wahrnahm, *zu stellen*. Das, was täglich und natürlich geschieht, wird zu einem Anruf, der uns in die Verantwortung nimmt.

Die Frage nach der Verantwortung geht primär nicht von dem Autofahrer selbst aus, sondern sie geht von einem *Geschehen* aus, dem er als erkennendes Subjekt begegnet. Es kann sein, dass es mehrere Autofahrer gab, die der Ruf erreichte, der Gefährdung des Mädchens ein Ende zu setzen. Auch sie wären in die Verantwortung genommen. Aber sie haben nicht im eigentlichen Sinne *gehört*, denn sie haben sich nicht in die Verantwortung nehmen lassen.

Die geistliche Dimension dieser Welt öffnet sich nur dem, der Gott in seinen Sinnen und seinem Herzen „empfängt", damit er in dem appellativen Charakter einer Situation den verborgenen Anruf Gottes an sich selbst aufnehmen kann.

Nur wer gehört hat, kann auch antworten. Wenn ein Mensch den in einem Ereignis liegenden Anruf vernimmt, wird er, ob er es will oder nicht, in Verantwortung *genommen*. Er ist aufgefordert, *seine* Antwort zu geben. Vielleicht sind wir deswegen oft hörunfähig oder hörunwillig, weil wir uns genau davor scheuen.

Von hier aus mag sich uns auch ein tieferer Zugang zu dem biblischen Begriff der *Gerechtigkeit* eröffnen: Es geht darum, dass wir dem an uns ergehenden Anruf *gerecht* werden. *Wir sollen als Person und in Freiheit „das Werk tun, das Gott zuvor bereitet hat, dass wir in ihm wandeln sollen“*[47].

Wir Menschen bewegen uns aufgrund der Zeugnisse der Bibel wie auch der Struktur unserer Sprache entsprechend in einer *dialogischen Struktur*. Alle Ereignisse, die uns begegnen, können zugleich Worte Gottes an uns sein. Wir sind dazu gemacht, sie zu hören und auf sie zu antworten, uns also in diesen Dialog hinein zu begeben.

In diesem Dialog ergeht ein *Appell* an mich. Mir stellt sich die Frage, ob er meine Bereitschaft findet, ihn als Anruf zu hören. Erst aus dem Wach- oder Bereitsein *und* dem Hören des Appells kann sich eine Antwort ergeben, die dem gegebene Problem „gerecht“ wird und es löst. Dies wird in der Erzählung von der Heilung des blinden Bartimäus durch Jesus besonders gut deutlich:[48] Bartimäus *schreit* seinen Appell: „Sohn Davids, erbarme dich meiner!“ Jesus nimmt den Appell auf und sagt: „Ruft ihn her!“ Dann *hört er* genau hin: „Was willst du, das ich für dich tun soll?“ „Herr, dass ich sehend werde.“ Jesus *antwortet*: „Geh hin“ und erklärt: „Dein Glaube hat dir geholfen!“ Was soll das heißen: „*Dein* Glaube hat dir geholfen?“ Ich verstehe es so: „Du hast die Last deiner Blindheit in das Ziel der Begegnung mit mir getragen.“

Die Frage unserer Verantwortung für die Welt ist in ihrer geistlichen Dimension nicht begriffen, wenn sie lediglich als ethische Verpflichtung aufgefasst wird - als das, was wir als Menschen aus unserem Wissen um das Gute zu tun schuldig sind. Nein, sondern es geht darum, dass wir in die Dimension des schöpferischen Gesprächs mit dem eintreten, der uns anredet und unser Leben zu einer Antwort auf seinen Zuruf werden lässt.

Im Schöpfungsbericht der Bibel wird uns von Gott gesagt: „Er schuf den Menschen ihm zum Bilde, zum Bilde Gottes schuf er ihn“. Wenn wir diese Übersetzung ein kleines bisschen wenden, so wie sie auch heißen kann: „Er schuf den Menschen ihm zum Gegenüber, zum Gegenüber Gottes schuf er ihn“, dann sind wir bei dem, wovon wir gerade gesprochen haben:

---

[47] Epheser 2,10

[48] Markus 10,46-52.

➔ *Wir sind dazu gemacht, mit Gott als sein Gegenüber die von ihm zuvor bereiteten Werke zu tun und dadurch die von ihm geschaffene Welt mit ihm zusammen in ihr Ziel zu führen. Das ist die umfassende Vision der Bibel für uns Menschen.*

Identität und Glaube

Zuletzt möchte ich darauf eingehen, wie das Sein und Wirken in dieser Welt konkret in Bezug auf das gemeint sein kann, was ich zu Beginn über die Frage der „Identität" sagte, die ich als eine Schlüsselfrage unserer Zeit bezeichnet habe.

Dieser Begriff „Identität" kann nicht für sich allein stehen. Wir müssen ihn notwendig durch einen zweiten Begriff ergänzen: den der *Solidarität*. Wie weit Solidarität gehen kann und muss, darum wird heute heftig gerungen, denn wir kommen als Mensch in dieser Welt nun einmal nicht als Einzelne vor, sondern, postmodern ausgedrückt, nur immer als Einzelne, die anderen Einzelnen begegnen. Gerade wenn wir Identitätssucher sind, dann sind wir zugleich darauf angewiesen, dass wir in unserer Einmaligkeit und damit Andersartigkeit von den anderen Sozialpartnern anerkannt werden.

Die Möglichkeit, sich selbst zu finden und sich selbst zu verwirklichen, ist immer auch damit verbunden, zu erkennen, dass ich anders als andere bin.

➔ *Der Weg zur eigenen Identität ist darum immer auch ein Weg zur Vereinzelung: sich als Einzelner zu erkennen und den je einzelnen Weg zu gehen.*

Und dies bedeutet zugleich, aushalten zu müssen, dass der Andere anders ist und andere Wege geht und andere Dinge braucht, um sich selbst zu finden und seinen Weg zu gehen. Diesem Anderen in seiner Andersartigkeit gegenüber gilt die Solidarität nicht zuletzt als Ermutigung, dass auch er seinen Weg erkennen und gehen darf und soll. Nicht gegeneinander gehen wir unseren je eigenen Weg, sondern im Gespräch und Austausch mit den Anderen und in Ermutigung durch sie.

Individualisierung ohne Solidarität ist destruktiv für alle Beteiligten. Viele schreien dann zur „Rettung" der Gesellschaft oder gar der Gemeinschaft nach dem „starken", autoritären Führer.

Die Frage nach der „*Identität*" beinhaltet...

- die Frage danach, wer ich selbst bin,
- die Sehnsucht danach, mit mir selbst eins zu sein,
- die Angst davor, mich im Getriebe dieser pluralistischen, mobilen und flexiblen Gesellschaft zu verlieren,
- den Wunsch, in die Gemeinschaft der Menschen - so wie ich bin - aufgenommen zu sein.

Die Soziologen sprechen von der Identitätsfrage als einer „existentiellen Problemperspektive". Für uns sei die Frage nach Identität so zentral, so bedeutsam geworden, dass von ihr her alle anderen Probleme ihre Deutung und Gewichtung bekommen. Alle Aufgaben, die auf uns zukommen, werden untergründig daraufhin überprüft, wie wichtig ihre Lösung oder Nichtlösung für die eigene Identität ist. Wenn ich also die Menschen unserer Tage und mich selbst als einen davon besser verstehen will, muss ich mich mit dieser Sehnsucht und Hoffnung, mit diesem Bedürfnis nach Identität befassen.

Am Vorabend der Moderne beschrieb der Philosoph *Michel de Montaigne* (1560-1612) sein Identitätsproblem in folgender Weise:

> „Ich gebe meiner Seele bald dieses, bald jenes Gesicht, je nach welcher Seite ich sie wende. Wenn ich unterschiedlich von mir spreche, dann deswegen, weil ich mich als unterschiedlich betrachte. Alle Widersprüche finden sich bei mir in irgendeiner den Umständen folgenden Form. [...] Von allem sehe ich etwas in mir, je nachdem wie ich mich drehe; und wer immer sich aufmerksam prüft, entdeckt in seinem Inneren dieselbe Wandelbarkeit und Widersprüchlichkeit, ja in seinem Urteile darüber. Es gibt nichts rundum Zutreffendes, Eindeutiges und Stichhaltiges, das ich über mich sagen, gar ohne Wenn und Aber in einem einzigen Wort ausdrücken könnte. [...] Wir bestehen alle nur aus buntscheckigen Fetzen, die so locker und lose aneinanderhängen, dass jeder von ihnen jeden Augenblick flattert, wie er will; daher gibt es ebenso viele Unterschiede zwischen uns und uns selbst wie zwischen uns und den anderen."[49]

---

[49] Michel de Montaigne, *Essais,* erste moderne Gesamtübers. v. H. Stilett (Eichborn: Frankfurt a.M., 1998), 167f.

Diese Beschreibung entspricht dem, was der Soziologe *Heiner Keupp* heute als die *Patchwork-Identität* des postmodernen Menschen bezeichnet.[50] Das Identitätsproblem trägt dem Menschen auf, die wie auch immer geartete Einheit dieser unterschiedlichen „Identitätsfetzen" herzustellen, um sich als ein Selbst in ihnen auffinden und erfahren zu können. Einen Unterschied zur Moderne wie auch zum Beispiel der Identitätstheorie des Psychoanalytikers *Erik Erikson* zum heutigen Verständnis von Identität wird man wohl darin sehen dürfen, dass bei ihm diese Identität substanziell als eine Art „Kern der Person" gedacht wurde, während man sie heute eher im geschichtlichen Sinne als eine „biographische Leistung" versteht.

Der Mensch in unserer heutigen Welt ist „als Mensch im Selbstverhältnis" quasi gezwungen, seine eigene Identität „gegen die erschreckende Leere in seinem Inneren"[51] zu erarbeiten, will er nicht den Sinnzusammenhang seiner Existenz verlieren. Wir wollen fragen, was ihm dabei helfen kann, Zugang zu dieser Aufgabe zu finden.

Zum einen bestimmen wir unsere Identität zu weiten Teilen nicht aus uns selbst, sondern wir werden in ihr von anderen erkannt und werden auch - wenn wir etwa an soziale oder berufliche Rollen denken - in sie eingesetzt und in ihr bestätigt. Diese Seite von Identität kommt uns aus dem Verhältnis zu anderen Menschen und zu unserer Umwelt zu. Ich spreche von ihr als von unserem *Weltverhältnis*. Zum anderen ist von der Identität im *Selbstverhältnis* zu sprechen. Da geht es mehr um die Seite von Identität, wie sie in der Postmoderne äußerlich in dem Wunsch nach „Selbstverwirklichung" sichtbar wird und in der Suche nach spiritueller Vergewisserung eine gewisse Überhöhung erfährt: Wie kann ich finden und sein, was ich „eigentlich" bin?

Zu jeder dieser beiden Blickrichtungen möchte ich ein Verstehensmodell vorstellen, in welchem die innere Dynamik dieser zwei Identitätsaspekte nachvollziehbar wird.

- Wie lässt sich mein „Weltverhältnis" als Identitätsmerkmal beschreiben, und wie finde ich mich in meine Weltwirklich-

---

[50] Heiner Keupp, Renate Höfer (Hg.). *Identitätsarbeit heute* (Suhrkamp: Frankfurt a.M., 1997).

[51] So formuliert in: Jürgen Straub, Identität und Sinnbildung, Zentrum für interdisziplinäre Forschung, Jahresbericht 1994/95, 7.

keit hinein?

- Wie lässt sich mein „Selbstverhältnis“ verstehen, und wie finde ich Zugang zu diesem meinem Selbst?

Kreuz der Wirklichkeit

Eugen Rostenstock-Huessy hat im Rahmen seiner Soziologie und Sprachforschung das „Kreuz der Wirklichkeit“ entwickelt. Ich habe es in meinem Buch „Entwicklungspsychologische Grammatik“ ausführlich dargestellt.[52]

Es geht um diese Fragen:

- Was ist meine Wirklichkeit? Was ist „die Mitte“ meiner Wirklichkeit?
- Wie kann ich mich in sie hineinbegeben?

Da, wo meine Kraftfelder von *Vergangenheit* und *Zukunft*, von *Innenraum* und *Außenraum* aufeinander treffen, also genau im Mittelpunkt des Kreuzes der Wirklichkeit, dort finde ich meine Identität (Abbildung 01). *Hier findet meine Gegenwart statt.* Rosenstock-Huessy sagt dazu:

> „Alle Wirklichkeit verlangt von dem, der mit ihr ernst machen will, dass er sich in die Gefahr der gegenwärtigen Entscheidung begeben muss.“[53]

Ich muss mich also dazu entscheiden, in diesen Mittelpunkt meiner Wirklichkeit *einzutreten*. Nur dort kann ich ein „Träger der Wirklichkeit“ sein, wie Rosenstock-Huessy das nennt.

Zur Veranschaulichung will ich die Dimensionen noch einmal mit mir selbst als Beispiel anders benennen: Wie muss ich nun sein als einer, der 60jähriger Angestellter, Ehemann, Vater, Therapeut zugleich ist?

- Ist da ein „Auftrag“ (PRÄJEKTIVUM)? Hänge ich an mir bequemen, mir lieb gewordenen Dingen fest? Bin ich darin noch gerufen?
- Oder trage ich als „Ruf“ vor mir her, was eigentlich aber erzählte Geschichte und darin vergangen ist (TRAJEKTIVUM)?

---

[52] M.C. Bettex, a.a.O., 132ff.

[53] Eugen Rosenstock-Huessy, *Soziologie,* Bd. 1: *Die Übermacht der Räume*, 2., durchges. Aufl. (Kohlhammer: Stuttgart, Berlin, Köln et al., 1968), 102.

- Oder sollte ich es sogar als Tatsache verstehen, die einmal war und heute nicht mehr an der Zeit ist, die mich (solange ich sie festhalte) nur daran hindert, mich einer neuen Berufung, einer neuen Herausforderung zu öffnen (OBJEKTIVUM)?

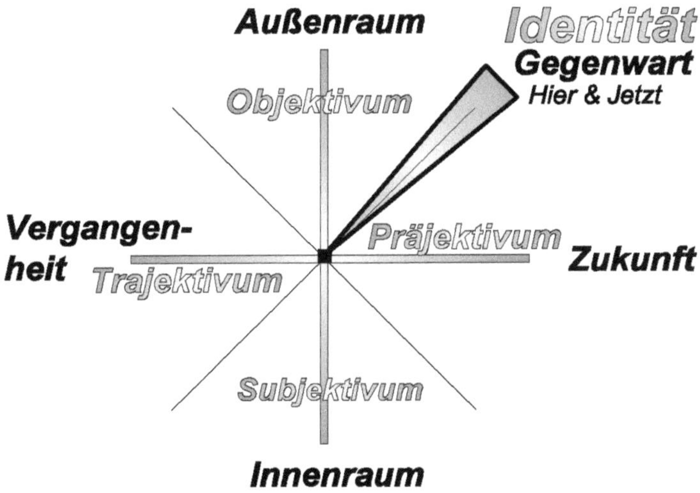

Abbildung 01: Das Kreuz der Wirklichkeit I

Es geht für mich darum, in meine Gegenwart einzutreten, in die Mitte des Kreuzes meiner Wirklichkeit. In dieser Gegenwart bin ich nicht automatisch:

- Oft sind wir hinter unserer Gegenwart zurück und verschanzen uns in unserer Tradition: zu weit links, rückwärts, im WIR, an Vergangenem orientiert, grüblerisch, passiv, festhaltend, ängstlich, konservativ.
- Oder wir sind der Gegenwart voraus, indem wir fantasieren, wohin sich alles entwickeln könnte oder wie das, was ist, besser wäre - wie es anders sein müsste, dass wir es annehmen und leben könnten: zu weit rechts, vorwärts, mir selbst voraus, mich selbst überholend, nicht verwurzelt.
- Oder wir meinen, „auf dem Boden der Tatsachen“ zu stehen, in der Realität; wir nennen es „Nüchternheit“ und haben dabei das Gefühl verloren für die Eigenständigkeit unserer selbst, blocken unsere inneren Warnungen ab und wenden uns gegen verunsichernde Gefühle: zu weit oben.
- Und schließlich: Wir geben uns in den „Egotrip“, entfliehen in unsere Innenwelten, vermeiden so die Konfrontation mit

den Härten der Realität, an der wir glauben, sowieso nichts ändern zu können: zu weit unten.

➔ *In meine Gegenwart einzutreten als „ein Träger meiner Wirklichkeit“ verlangt von mir immer wieder neu eine Entscheidung, etwas freizugeben, etwas loszulassen, etwas festzuhalten, etwas aufzunehmen.*

Identitätsprüfung

Im Folgenden wollen wir nun den vier Dimensionen der „alltäglichen Identitätsarbeit“[54] nachgehen:

1. Identität unter dem Aspekt *Vision: Prüfung.*
2. Identität unter dem Aspekt *Geschichte: Abstimmung.*
3. Identität unter dem Aspekt der *persönlichen Wahrheit: Authentizität.*
4. Identität unter dem Aspekt der *realen Welt: Passung.*

Dimension 1: Die Vision

Das erste Problem ist, dass ich wissen muss, wo die Reise überhaupt hin geht. Was ist das Ziel meines Identitätsprojekts? Wer soll ich werden? Wer muss, will, kann, soll ich sein? Es geht um den *Appell*: „Was ist dein Auftrag? Was deine Berufung? Was dein inneres Ziel?!“

Der Mensch der Moderne hat eines seiner Ziele erreicht: Er hat sich von aller religiösen und ethischen Bevormundung befreit. Er ist *autonom* geworden. Der Mensch der Postmoderne beginnt an dieser Stelle. Er muss selbst Verantwortung für sich übernehmen. Er muss herausfinden, wer er ist. Was aber heißt das für ihn? *Wofür* muss er Verantwortung übernehmen, wenn er für „sich selbst“ Verantwortung übernimmt? Wem gegenüber stellt er sich der Verantwortung? Wem antwortet er?

Das klingt wie eine philosophische Frage. Aber diese Frage ist heute zu einem Alltagsproblem geworden. Immanent ist sie unlösbar. Denn immanent in mir brauche ich niemandem zu „antworten“. „Verantwortung“ setzt eine duale Struktur meiner Existenz voraus. Das ist das, was wir unter dem PRÄJEKTIVUM verstehen. Das Leben beginnt im Passiv und es entwickelt sich

---

[54] So sagt Keupp dazu.

auf den Zuruf seines Namens hin. Der Säugling wird in sein Leben hineingerufen. Insofern ist es eine Grundfrage unseres Lebens: Was ist mein „Name", Wozu bin ich „berufen"?

Man kann sich taub dazu stellen, so wie *Albert Camus*, der zwar die Sehnsucht nach seiner „Ewigkeit" in sich spürte, aber ihr nicht gerecht werden *wollte*. Er entschied sich, „kraft des Absurden" zu leben und der religiösen Sehnsucht in sich zu trotzen.[55] Auch *Ernest Hemingway* widmete seinen Roman „Der alte Mann und das Meer" solch einer „trotzigen Existenz". So imponierend solche Entwürfe sind, geben sie doch keine Antwort auf den tiefen Wunsch unserer Seele, dass es einen Sinn geben möge in unserem Leben. Die Sehnsucht nach Sinn treibt die Menschen in eine neu aufbrechende Religiosität. Die Bereitschaft, sich an Priester, Gurus, Wahrsager und Wunderdrogen zu wenden, entspringt der Hoffnung, für sich selbst eine Zielorientierung und in ihr Frieden zu finden. Irgendwoher muss Gewissheit kommen, wer ich sein kann, darf oder muss, damit ich Genüge finden kann in dem, was ich bin.

Die Fragen: „Wozu bin ich berufen?" „Wie und wann bin ich der, der ich bin?" gehen heute den zu sich selbst befreiten Menschen in seiner unmittelbaren Existenz an. Hierfür sucht er (das kann ich in meiner Praxis als Berater und Therapeut fast täglich erfahren) Rat und Begleitung. Und nicht selten stellt sich diese Suche auch bei sogenannten „Ungläubigen" als die eigentliche und tiefste Leerstelle ihrer Existenz heraus.

Wir sind, wie schon das Gleichnis von den verlorenen Söhnen zeigte, als Menschen angewiesen auf einen uns lebendig machenden Atem des Geistes, auf ein uns zukommendes Wort, damit wir zu unserer Identität, auf die hin wir gemacht sind, finden können. Solange dies nicht geschieht, leben wir als Verbannte außerhalb des Gartens des Lebens, die das eigentliche Leben, von dem wir träumen, nicht finden. Solch ein Mensch ist sozusagen wie ein Prototyp, der noch nicht freigegeben ist. Indem er aber den Geisthauch Gottes erfährt, wird er zu dessen Gegenüber und dadurch zu einer Person, die dem an sie ergehenden Anruf in Freiheit dient.

Wer nicht aus diesem Geist heraus zum Leben erweckt wird; wer nicht glauben kann, dass diese Welt, so wüst, wie sie ist,

[55] In seinem Dr. Rieux in „Die Pest" gab er dem einen exemplarischen Ausdruck.

unser Auftrag ist; wer nicht Ernst damit machen kann, dass die Härte, die Last und das Leid dieser Welt der Weg ist, auf dem Gott uns durch seinen Geist zur Erlösung führt, der kann keinen Sinn darin finden, mit dieser Welt solidarisch zu werden, sich für sie zu engagieren, geschweige denn - wie es von Jesus gesagt ist - sein Leben „für sie dahinzugeben".

Innerhalb dieser großen, umfassenden Vision gibt es für jeden Menschen eine Funktion, in der er lebendig werden kann und der er nachgehen muss, um darin Frieden zu finden. In jeder Phase seines Lebens und am Morgen jeden Tages kann sich ein kleines Mosaiksteinchen dieser Vision in ihm spiegeln, und er kann in Antwort darauf Anschluss an das ewige Leben finden.

➔ *Nötig dafür ist, das Schweigen, die Achtsamkeit zu lernen, sich allein und zusammen darin zu üben, damit „das Wort" gehört werden, der Ruf, der „Hauch" Gottes ankommen und uns als sein Werk und zu seinem Werk in Bewegung bringen kann.*

Dimension 2: Die Geschichte

Wenn (wie es heute ist) die Einheit eines Lebens nicht mehr aus einem einheitlichen, gesellschaftlich vorgegebenen Lebensplan entsteht, sondern als eine „Patchworkidentität" aus vielen unterschiedlichen Ereignissen und Episoden, dann wird es unter Umständen schwierig, dem Leben einen roten Faden und seinen Sinn abzugewinnen. Fast jedem jüngeren Menschen wird heute abgefordert, wandlungsfähig, mobil und flexibel zu sein. Aber wie soll er damit zugleich seinem Bedürfnis nach Einbindung, nach Kontinuität, nach Identität im Sinne von sich wiederholendem, erkennbar Gleichem nachkommen können?

Unter der Bedrohung des Verlusts an innerem Zusammenhang - an *Kohärenz* - haben die Soziologen ganz neu den Sinn des *Erzählens,* eines immer im Fluss bleibenden „*Sich-selbst-Erzählens*" entdeckt: Aus lauter scheinbar zufällig zusammentreffenden Ereignissen ergeben sich wie in einer kunstvollen Patchworkarbeit im Erzählen subjektiv erkennbare Muster. Sinn und Kohärenz werden im immer neuen Nacherzählen gesucht und konstituiert, und zwar in zweierlei Hinsicht: Zum einen im Sinne einer geschichtlichen Kohärenz, das heißt des inneren Zusammenhangs der eigenen Geschichte, der eigenen Biographie. Ich brauche den Hörer, um im Erzählen und in seinem Verstehen herauszufinden, wie der rote Faden aussieht, der sich in meinem Leben aus den unterschiedlichen Ereignissen ergibt:

- Wie war es gestern?
- Wie ist es heute?
- Was ist der rote Faden, der aus meiner Situation von Gestern ins Morgen führt?

Es ist ein Bedürfnis danach, die eigenen Erfahrungen so zu erzählen, dass sie anschaulich, vergleichbar, verknüpfbar, korrigierbar werden, dass ihr Sinn einsehbar wird.

Zum anderen geht es um eine soziale Einbettung und Verbundenheit, um die Einbettung in einen sozialen Zusammenhang, in eine Erlebnis- und Verstehensgemeinschaft:

- Mit welchem meiner Partner kann ich mich vergleichen?
- Wem gegenüber grenze ich mich ab?
- Wo passen unsere Unterschiede zusammen?
- Wo kollidieren wir miteinander? Wie weit können wir uns auseinander wagen, ohne unseren Zusammenhang, unser Ziel und unsere gemeinsame Geschichte zu verlieren?

Jeder muss wagen, sein Leben in subjektiver Identität zu leben. Aber zugleich müssen wir uns gegenseitig trotz unserer unterschiedlichen Art zu denken, zu reden, zu planen und zu entscheiden *begleiten*. Um das zu können, brauchen wir dieses immer wieder neue Erzählen und Hören. In ihm können wir uns vergewissern, dass wir als so Unterschiedene doch auf gemeinsamen Wegen sind. Oberflächlich fast unerkennbar ist in unserer Unterschiedlichkeit doch *ein* Geist wirksam, der sich im Erzählen und Einander-Finden zu erkennen gibt.

➔ *Es geht nicht darum, das Leben allgemein zu verstehen, von einem „übergeordneten Standpunkt“ aus zu steuern, zu sichern, zu kritisieren oder als nichtig zu erklären, sondern darum, das eigene Leben in subjektiver Identität zu leben und es so, wie es sich gestaltet, erzählend in das gemeinsame Erzählen einzubringen.*

In Israel gab es einen Auftrag an das Volk, das seine geschichtliche Kontinuität und seine Berufung wahren sollte: Immer wieder und in jeder Generation neu sollte es seine Geschichte erinnern, wiederholen, durcharbeiten. Es sollte erzählend - nach-erzählend, nach-schauend - seine Wege als Wege mit seinem Gott erkennen. Bei jedem Passahfest, wenn die gesamte Familie feierlich versammelt ist, soll das jüngste Kind den Vater fragen: „Warum feiern wir heute dieses Fest?“ Und dann soll der Vater die Geschichte erzählen, wie aus den umherirrenden Aramäern durch den Ruf Gottes ein Volk Jahwes geworden ist.

Die Heils- oder Unheilsgeschichte *entsteht* im „Glauben“, aber *beschreibbar* wird sie erst im Erzählen und Hören. Was sie zu einer Heils- oder Unheilsgeschichte macht, ist der Glaube und die im Glauben möglich gewordene Erfahrung, die dann erzählt werden kann.

Die tägliche Bibellese der Christen hat nicht den Stellenwert einer Philosophie oder Theorie oder Ideologie über das Leben, auch nicht den einer Theorie oder Theologie über Gott, sondern sie hat den Sinn, unsere eigenen Glaubenserfahrungen in die Erfahrungen anderer Gläubiger einzuweben, die uns voraus gegangen sind.

Wenn, wie Schulze sagt, das Gemeinsame die „Gestaltungsidee eines schönen, interessanten, *subjektiv* als lohnend empfundenen Lebens“ ist, dann wäre dem unter Christen zuzufügen: „eines Lebens, dass sich nachträglich erkennbar in die Geschichte und den Zusammenhang der Gemeinde Jesu Christi einfügt“.

➔ *Wir brauchen uns gegenseitig, um unsere Geschichten mitteilen zu können und sie im Licht der biblischen Geschichten abzuwägen und zu prüfen. So können wir erfahren, wie Gott in unseren eigenen Wegen gegenwärtig ist.*

Dimension 3: Die persönliche Wahrheit

In einem weiteren Kriterium geht es darum, wie sehr das, was ich lebe, mit *mir* übereinstimmt, mit dem, was ich als meine persönliche Wahrheit, mein „Mich-bei-mir-selbst-zuhause-Fühlen“ empfinde. Dieser Gesichtspunkt von Identität wird von außen gesehen im Allgemeinen unter dem Begriff „Authentizität“ beschrieben.

Die Moderne drängte auf die Befreiung des Individuums zur selbst verantworteten Freiheit. Aber sie hatte in ihrer *Autonomie* noch die außen verankerte Haltefunktion der kulturellen Strukturen. Man konnte sich an den vorhandenen Rollenmustern vergewissern, ob man es „richtig“ machte. Inzwischen geht die Orientierung an diesen äußeren Strukturen verloren. Es gibt kein objektives Maß mehr dafür, ob ich am richtigen Platz und in der richtigen Rolle bin und ob ich mich „richtig“ darin verhalte.

Wenn ich heute frage: „Wie verhalte ich mich richtig?“, dann werde ich meistens nicht die Antwort bekommen: „So oder so!“, sondern dann kommt eine Gegenfrage: „Was willst du denn erreichen?“ oder: „Was heißt denn für dich ‘richtig’? Wie willst du denn sein, was willst du denn zum Ausdruck bringen?“

Das außen orientierte Maß wird ersetzt durch ein inneres Maß, nämlich ob ich an meinem Platz, in meiner Rolle und in meinem Ziel *in Übereinstimmung* mit mir selbst bin.

Ein 45-jähriger Mann beschreibt es so:

> „Seitdem ich mein Leben so reflektiere, komme ich immer wieder auf meinen Ursprung oder auf die Quelle meines Ursprungs zurück. Und ich merke, die wird nicht zerstört, sondern die fließt immer irgendwie. Da ist irgendetwas Unzerstörbares in mir. Es ist wie eine Macht. Wenn ich mit der im Einklang bin, dann ist es gut. Aber das ist nicht meines. Es ist ein Geschenk. Wenn ich es wieder vorfinde, dann bin ich glücklich, dann tanze ich sozusagen. Und in diesem Sinne bin ich religiös.“

Dieser Mann „reflektiert“ sein Leben auf „Stimmigkeit“, auf „Authentizität“. Er fragt, ob er in dem, was er lebt, in Übereinstimmung mit dem ist, was er seine „Quelle“ nennt.

Es ist interessant, dass schon für *Dietrich Bonhoeffer* (1906-1945) in seinem Buch „Gemeinsames Leben“[56] das *Abstimmen auf Authentizität* einen sehr hohen Stellenwert einnimmt. Für ihn bildet es das Kriterium, durch das er die „geistliche“ von der „seelischen“ Seelsorge unterscheidet. *Der „seelischen“ Seelsorge fehlt das Moment der Prüfung auf Stimmigkeit, die Prüfung auf Authentizität.*

Es sei nochmals an die Begegnung mit dem ehemaligen Drogenkonsumenten erinnert, die ich auf Seite 56 erzählte. Sie beschreibt, was mit „Prüfung auf Stimmigkeit“ gemeint ist:

> „Mir ist auf meine Frage - ‘Warum willst du hier weg? Was ist hier nicht richtig?‘ - der Satz eingefallen: ‚Sie wollen dich zu sich ziehen!‘ Sie sagen, dass sie dich mit der Liebe Jesu lieben, aber die Liebe Jesu, das weiß ich, die fühlt sich anders an. Sie wollen sich dazwischen schieben. Sie wollen dich in ihr Buch einkleben. Sie können es nicht ertragen, dass ich ihn anders erfahren habe als sie - und schon fangen sie an, mit ihm zu konkurrieren.“

[56] Dietrich Bonhoeffer, *Gemeinsames Leben,* mit einem Nachwort v. E. Bethge, 19. Aufl. (Christian Kaiser: München, 1983).

Der Klient suchte in dieser Gemeinschaft nach *Vergewisserung*, dass er auf einem ihm entsprechenden beziehungsweise ihm angemessenen Weg ist. Er will nicht die Pfade der anderen betreten, sondern seinen ihm zugemessenen Weg offenlegen und auf ihm Korrektur und Zuspruch finden.

➔ *Es ist wichtig für die Seelsorge aneinander: zu prüfen, ob derjenige, um den es geht, auf seinem Weg mit sich selbst im Einklang ist.*

Dimension 4: Die Passung

Eine innere *Vision, ein inneres Ziel* zu haben ist notwendig für eine gelingende Identität. Sich in seiner *Geschichte* zu reflektieren ist die zweite Notwendigkeit. Als Drittes kam die Frage hinzu: „Ist es deine *persönliche Wahrheit,* die du lebst?"

Und nun das Vierte: Die Gestaltungsarbeit eines sinnvollen, mit sich selbst im Einverständnis gelingenden Lebens geschieht nicht auf einem einsamen Stern, sondern sie geschieht mitten in unserer heutigen gesellschaftlichen Situation und unter ihren Bedingungen. Hier muss ich meine Situation einschließlich meines Besitzstandes und meiner Begabung in Anschlag bringen: Im Bewusstsein der „harten Daten" meiner Existenz.

An ihnen bemisst sich der Raum dessen, was mir real gegeben und möglich ist, und an ihnen findet der mir individuell gegebene Möglichkeitsraum seine Grenzen. Zu diesen „Gegebenheiten" müssen die anderen Dimensionen *passen.*

Dementsprechend nennt *Keupp* das, worum es in dieser Prüfung geht, „*Passung*".[57] Es muss zu einer *Passung* zwischen mir und den Rahmenbedingungen meiner Existenz kommen: Manches kommt mir hilfreich entgegen, in manches kann ich aktiv verändernd eingreifen, manchem kann ich ausweichen und manchem muss ich mich fügen.

Diese „*Passungsarbeit*", das kritische Abwägen der objektiven Möglichkeiten, die meine subjektiv geplante Karriere begleiten, sie unterstützen, ihr entgegenstehen, muss in einer *nüchternen Abwägung* geschehen. Die Handlungsstrategien, die ich aus meinen geglaubten Überzeugungen, meiner Geschichte und

[57] Vgl. H. Keupp, R. Höfer, a.a.O.

meinen Visionen entwickle, haben nur Sinn, wenn sie in einem entsprechenden Sach- oder Realitätsbezug ihr Maß finden. Je zuverlässiger und nüchterner die Wahrnehmung und Einschätzung der Sachlage erfolgt, desto erfolgreicher kann das auf sie gemünzte Handlungskonzept sein.

Dem Begriff der *Passung* entspricht auch ein biblischer Ausdruck: Wenn ein Prophet in Israel eine Prophetie verkündigte, dann sollte die Gemeinde ihn *„prüfen".* Der Prophet hat die gegenwärtige Zeit und ihre Not gedeutet und hat aus dieser Deutung zugleich eine Handlungsanweisung abgeleitet. Er hat es in einem bestimmten „Geist" getan, und das Volk sollte prüfen, ob es der Geist Gottes sei, aus dem heraus er redete. Um das zu erreichen, sollte es darauf achten, ob das, was in der Prophetie gedeutet und vorausgesagt wird, sich zugleich aus den geschichtlichen Umständen, aus den „harten Fakten" ergibt, ob also der Handlungsauftrag des Propheten und das gottgewirkte Geschehen miteinander zusammenwirken, ob ein und derselbe Geist in der Intention des Propheten und den Ereignissen wirkt. Wenn das zueinander „passt", wird diese „Passung" oder *Fügung* zwischen beiden als Beweis dafür angesehen, dass der Prophet den geschichtsmächtigen Geist Gottes erkannt und aus ihm geredet hat.

Auch im Neuen Testament gibt es den Gedanken, der die Passung als ein Kennzeichen wirklichen Lebens formuliert:

> „Wir sind sein Werk, geschaffen in Christus Jesus zu guten Werken, die Gott zuvor bereitet hat, dass wir darin wandeln sollen."[58]

Der Geist Gottes in uns arbeitet auf bestimmte Ereignisse und Werke hin und arbeitet zugleich in der Welt auf uns zu, damit es in seinem Tun in der Welt und seinem Tun durch uns zu einer „Passung" kommt.

Diese Dimension ist nicht erst in Gesprächen unter Christen präsent, wenn sie von „Fügung" sprechen. Oft liegt schon in der Situation, die uns jemand beschreibt, eine klare Botschaft über das, was geht und was nicht möglich ist. Aber zugleich kann es sein, dass der Mensch, der sich in der Situation befindet und sich in sie hinein verkämpft hat, diese Botschaft nicht erkennt und dass die Hilfe für ihn darin besteht, ihm diese Botschaft so

[58] Epheser 2,10.

zu übersetzen, dass er sie annehmen und sich mit ihr arrangieren kann.

Worum geht es also? Es ist kaum vorstellbar, dass der Mensch in die Welt geschickt ist, um sich über sie zu beklagen, sie anzuklagen, sie verloren zu geben. Wenn überhaupt sein Erscheinen in ihr Sinn machen soll, kann es nur darum gehen, dass er ihr zum Beschützer, zum Entwickler und Begleiter wird.

Im Neuen Testament gibt es dazu ein Gleichnis. Es handelt vom Weizen, der zusammen mit dem Unkraut im selben Acker aufwächst. Die Landarbeiter erhalten aber die Anweisung, das Unkraut nicht auszujäten, sondern zwischen dem Weizen wachsen zu lassen, weil sie sonst mit dem Unkraut zusammen den Weizen zerstören. An das Gleichnis schließt sich dann eine Auslegung Jesu, die so beginnt:

> „Der Menschensohn ist's, der den guten Samen sät. Der Acker ist die Welt. Der gute Same, das sind die Kinder des Reichs."[59]

Hier ist nicht von einem „Wort Gottes" die Rede, das als Same in das „Herz von Menschen" gesät wird. Das findet sich an anderer Stelle. Sondern hier ist von Menschen die Rede, die von Jesus Christus in den Acker der Welt „gesät" werden. Der Mensch als Person ist gemeint als „Same"; und unsere Welt, in der wir leben, als Acker und Boden, in den der Mensch seine Kraft hineingeben soll, in der er Wurzeln schlagen und in der er Frucht bringen soll.

Die Innenseite

Das zweite Modell handelt von der *Innenseite* unseres *Kreuzes der Wirklichkeit* und soll deutlich machen, welche Arbeit wir „innerlich" oder „geistig" leisten müssen, um in der Mitte unserer Wirklichkeit mit uns selbst identisch zu sein.

Søren Kierkegaards Schrift „Die Krankheit zum Tode"[60] handelt nicht von einer Krankheit, wie wir sie in gewöhnlichem Sinne verstehen, sondern es handelt von einer „Krankheit", in der sich

---

[59] Matthäus 13,37f.

[60] Søren Kierkegaard, *Die Krankheit zum Tode,* aus d. Dänischen übersetzt u. mit Anmerkungen versehen v. G. Perlet, Nachwort U. Eichler (Philipp Reclam jun.: Stuttgart, 1997 [1849]).

alle Menschen befinden. Es ist dieser innere Kampf, in welchem wir herauszufinden versuchen, wer wir sind. Aber wir verfehlen uns immer wieder selbst darin. Wir verfehlen uns, indem wir uns selbst „davonlaufen", indem wir nicht wir selbst sein wollen; oder wir verfehlen uns, indem wir ein Selbst sein wollen, das wir nicht sind. Kierkegaard nennt diesen inneren Kampf um unser Selbstsein „Verzweiflung": *das ist die „Krankheit zum Tode".*

Leider ist dieses Buch weder in der Theologie noch in der Psychologie entsprechend gewürdigt worden. Selbst von namhaften Kierkegaard-Interpreten wurde es nur nebenbei oder oberflächlich behandelt. Ähnlich wie die Theologie im Verständnis des Gesetzesbegriffs des Apostels Paulus zu ihrem Nachteil die profunden Beiträge Sigmund Freuds und deren Auswertbarkeit für die Theologie vernachlässigt hat, so wurde von ihr auch Kierkegaards Begriff der Verzweiflung als Explikation des Sündenbegriffs in seiner Tragweite und einmaligen Präzision zu wenig zur Kenntnis genommen. Erst als *Martin Heidegger* in seiner Schrift „Sein und Zeit"[61] den Begriff aus der bewusst gewollten Subjektivität *Kierkegaards* löste und ihm damit seine theologische Schärfe und psychologische Brisanz nahm, konnte dieser Gedankengang sozusagen „philosophisch gezähmt" seinen Eingang in die allgemeinere Existenzanalyse von MAN und ICH finden. Eigentlich aber wird von Kierkegaard in philosophischer Begrifflichkeit eine Entfaltung dessen vorgelegt, was die Bibel unter „Sünde" versteht, und was unter ethischem Gesichtspunkt von Paulus unter der Gesetzesproblematik in den Briefen an die Galater und an die Römer reflektiert wird[62].

Was *Kierkegaard* als das Selbst des Menschen beschrieb, ist die grundlegende Philosophie zu dem, was wir heute das Problem des Menschen in Bezug auf seine Identität nennen, und zwar *Identität* in ihrer Dimension *Selbstverhältnis*, die ich zur besseren Unterscheidung von ihrer zweiten Dimension *Weltverhältnis* unterschied. Ich kenne keine tiefgründigere und klarere Erklärung dessen, worum es in der sehnsuchtsvollen Frage „Wer muss ich sein, dass ich der bin, der ich bin?" geht. Aber mit dieser Bemerkung mag es im Rahmen dieses Buches genug sein. Stattdessen möchte ich ein Modell vorstellen, das einen erlebnismäßigen Zugang zu dem ermöglicht, was mit der

---

[61] Martin Heidegger, *Sein und Zeit*, 16. Aufl. (Max Niemeyer: Tübingen, 1986).

[62] Ich habe vor, in einem weiteren Buch über „Spirituelle Grammatik" ausführlicher darauf einzugehen.

„inneren Dimension“ von Identität gemeint ist. Es kann helfen, sich intensiver mit dem „Selbstverhältnis“, der inneren Seite der Mitte unserer Wirklichkeit, auseinander zu setzen.

Die Zeitenwaage

Nachdem wir geprüft haben, an welchem Ort in unserer Welt und Geschichte wir sein müssen, um „im Kreuz unserer Wirklichkeit“ zu sein, geht es darum, was wir an diesem Ort *zu seiner Zeit* tun oder lassen müssen, um mit uns selbst in Übereinstimmung zu sein. Was ist „jetzt dran“? Was ist „an der Zeit“?

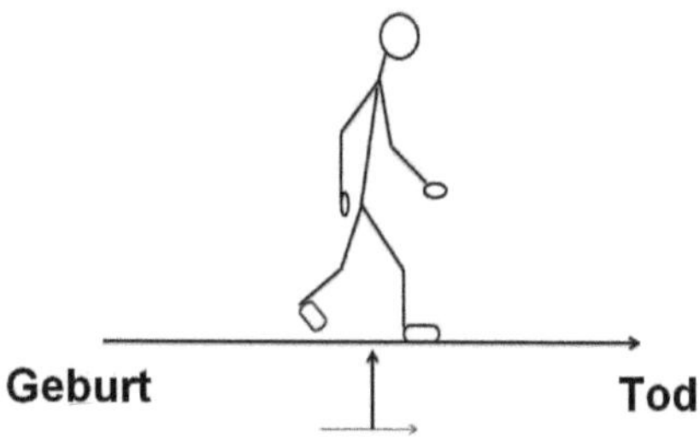

Abbildung 04:
Der Mensch auf der Waage

Es geht um die „innere“ Zeit, also um die Zeit, die noch nicht in den sichtbaren Raum getreten ist; um die Zeit, die sich ankündigt, die eintreten will, die wir bislang nur über unser inneres Spüren erleben. Es geht um die Zeit, von der der *Prediger* im Alten Testament sagt: „Alles hat *seine* Zeit“.

Stellen Sie sich also vor, dass wir jetzt von der „subjektiv erlebten Dynamik“ der Zeitachse des Kreuzes der Wirklichkeit sprechen, nämlich davon, wie sich „die Zeit“, was immer das auch sein mag, in unserem *Innenraum* reflektiert. Ich will von dieser inneren Zeit im Bild einer *Zeitenwaage* sprechen.

Abbildung 04 stellt einen Menschen dar, der sich auf dem Balken einer Waage von seinem Geburtstag bis zu seinem Todestag bewegt. Unter ihm befindet sich die Achse der Waage seiner Lebenszeit. Die Achse wandert von links nach rechts, von seinem Geburtstag bis zu seinem Todestag. Dieser Mensch befindet sich genau in der Mitte der Waage, auf der Höhe seiner Zeit. Er ist das Idealbild eines Christen. Er tut alles „zu seiner Zeit“, das heißt im „richtigen Augenblick“.

Den richtigen Augenblick zu spüren und in ihm das zu tun, was jetzt „dran“ ist, das ist ein anderer Ausdruck für *Geistesgegenwart: in der Gegenwart des lebendigen Geistes zu sein.*

Liest man diese Zeichnung von links nach rechts, so lebt dieser Mensch, bis er stirbt. Liest man sie von rechts nach links, so stirbt er, seitdem er geboren ist. Leben und Sterben durchdringen einander in seiner Existenz. Indem er „in“ seiner Zeit bleibt, bringt er sein Sterben und sein Leben ständig neu zu einem dem jetzigen Zeitpunkt angemessenen Ausgleich. Das kann er nicht dadurch erreichen, dass er stehen bleibt. Dann würde er hinter seiner Zeit zurückbleiben. Genauso wenig Sinn hätte es, schon einmal vorauszueilen. Dann wäre er zwar vielleicht „seiner Zeit voraus“, aber nicht „in“ oder „zu“ seiner Zeit.

Das Zeitmaß, die Bewegung der Achse selbst, seine „innere Zeit“ kann er nicht beeinflussen. Er kann nur „zum verfrühten, zum verpassten oder zum richtigen Zeitpunkt“[63] seine Antwort auf sie geben oder seine Antwort auf sie verweigern. Er muss jeweils den jetzt von ihm geforderten Schritt gehen, um in der „erfüllten Zeit“ zu sein. Er muss loslassen, was vergangen ist und sich schon erfüllt hat und muss sich dem öffnen, was auf ihn zukommt.

Zur Illustration sei an das Märchen von „Frau Holle“ erinnert. Da gibt es die „Goldmarie“, die dem an sie ergehenden Ruf „zu seiner Zeit“ folgt: „Schüttel mich, wir sind schon längst reif! Hol uns raus, wir sind schon längst gebacken!“ Sie lässt sich auf diese Zeitansagen ein und wird dafür, als sie nach Hause kommt, mit Gold überschüttet. Die „Pechmarie“ hingegen überhört entweder den Ruf selbst oder sie stellt seinen Zeitpunkt infrage. Sie hat eigene Pläne und den Rufen der Äpfel auf dem Baum oder der Brote im Ofen stellt sie ihr „Warum?“ entgegen: „Warum gerade ich?“, „Warum gerade jetzt?“ Sie kennt das Geheimnis des Lebens nicht und ist zu hochmütig, um sich ihm zu unterstellen. Als sie nach Hause kommt, wird sie anders als die Goldmarie mit lauter „Pech“, mit Not und Unglück überschüttet.

Immer dann, wenn das Gleichgewicht des Menschen auf der Waage bedroht ist, ergeht solch ein Ruf an ihn. Ihm wird eine Bewegung abverlangt, um das innere Gleichgewicht wiederherzustellen oder zu bewahren. Wenn er dem nicht nachkommt, sich nicht darauf einlässt oder trotzig reagiert, entsteht zwischen ihm und seinem Grund, der ihn trägt, eine Krise. Er sondert sich aus diesem feinen Dialog, der sich in seinem Leben zwischen seinem Grund und ihm selbst abspielt, heraus.

---

[63] Vgl. Sten Nadolny, *Die Entdeckung der Langsamkeit* (Piper: München, Zürich, 1985).

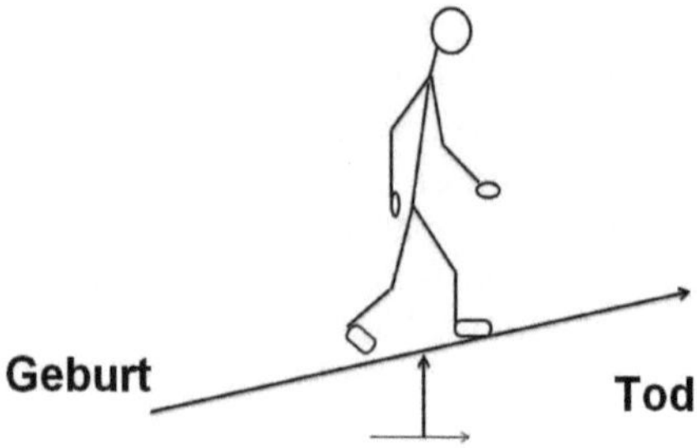

Abbildung 05:
Der Wirtschaftswundermensch

Zu jedem Zeitpunkt seines Lebens muss er entscheiden, ob und wieweit er sich zurück- oder vor bewegen oder ob er verharren will. Und er muss prüfen, was er aufzunehmen, anzunehmen oder zu verweigern beziehungsweise loszulassen hat.

Abbildung 05 zeigt einen Menschen, der diese Demut nicht kennt und die fälligen Entscheidungen seines Lebens, insbesondere die Erkenntnis dessen, was er hinter sich lassen muss, vermeidet. Es ist der Mensch unserer westlichen Kultur; ich nenne ihn „Wirtschaftswundermensch". Er hat die Offenheit für die Zeit und das feine Gespür für sie aufgegeben. Er hat sich der dialogischen Struktur seiner Existenz entzogen und will sie durch gesicherte Erkenntnisse ersetzen.

Wenn er zurücksieht, dann hat er seine Geburt wie ein unbewegtes Faktum hinter sich gelassen. Schaut er nach vorn, dann sieht er vor sich den Himmel: ewig, unbegrenzt, ein freier Raum, in den hinein er seine Zukunftsphantasien projizieren kann. Er hat den Tod und das Sterben verdrängt. Er sagt: „Sterben kann man nicht sehen!" und ist überzeugt: „Sterben kann man nicht lernen!" - ganz anders als der erste, der die Balance zwischen Sterben und Leben ständig hält und sich darum auch im Sterben ständig übt.

Dieser zweite hat zwar auf seine Weise „festen Boden unter den Füßen". Deswegen nennt er sich „Realist", der auf dem Boden der „Tatsachen" steht. Aber er lebt sein Leben nicht „in" und „zu" seiner Zeit. Die Zeit seines Lebens läuft ihm davon, ohne dass es ihm überhaupt bewusst wird. Er stellt sich gegen den Zeitenstrom, der ihn trägt. Er hat sich aus dem dialogischen Verhältnis seines Selbst mit seiner Zeit verabschiedet.

In Abbildung 06 schließlich ging das dynamische Gleichgewicht in der anderen Richtung verloren. Vielleicht hat dieser Mensch die Mitteilung der Diagnose einer tödlichen Erkrankung erhalten oder er hat im Verlust eines nahen Menschen plötzlich gespürt, wie die Waage unter ihm weggekippt ist. Er sieht das Leben nicht mehr. Vor ihm führt eine abschüssige Ebene in gerader

Richtung in den Tod und wenn er zurückschaut, so sieht er da die Ewigkeit, die er verloren hat.

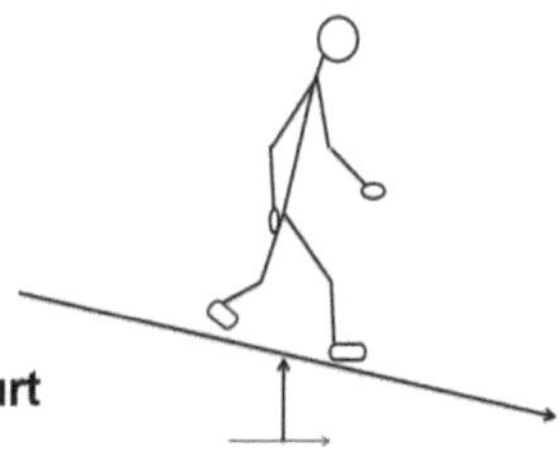

Abbildung 06: Aspektwechsel

Manche halten diese destruktive Schräglage lange aus. Manche verharren in einer festgehaltenen Depression darin. Manche Therapeuten und Seelsorger denken, dass solch eine Position im Fall einer zum Tode führenden Erkrankung „realistisch“ und darum angemessen sei. Es sei doch richtig und wichtig, sich mit dem so ins Auge gefassten Tod auseinanderzusetzen. Aber er ist noch nicht tot. Er ist noch nicht am Ende seiner Zeit angekommen. Auch er muss leben, jeden Tag, „in“ und „zu“ seiner Zeit.

Das Negativbild seiner Existenz hält so lange an, bis er wieder seinen Ort in der Mitte seiner Zeit und damit ein neues Gleichgewicht gefunden hat. Dazu muss er von seiner Todeskränkung, von seinem Zorn und seiner Verzweiflung frei werden. Dann gibt es auch für ihn wieder ein Sterben, dass er leben soll und kann, und ein Leben, dem er sterben, das er loslassen muss. Sterben und Leben müssen auch in ihm angemessen zum Ausgleich kommen.

Identitätsprüfung 2

Wenn wir von dieser Waage her denken, so ist nur das dynamische, ständig in sich bewegte Gleichgewicht wünschenswert, welches in einem guten Gespür für „die Zeit“, für die „Höhe der Zeit“, für die „erfüllte Zeit“ gegründet ist. Aber immer sind auch die beiden anderen Anteile in uns. Wir müssen immer wieder „in die Mitte“, auf die „Höhe unserer Zeit“, zurückfinden. Immer wieder neu müssen wir dazu Schritte des Lebens (zurück) oder des Sterbens (voran) gehen.

Was heißt das praktisch? Vieles in unserem Leben lässt sich erkennen, besprechen, erzählen:

- Was wir „objektiv erkennen“, lässt sich festlegen, messen, beschreiben und ordnen (OBJEKTIVUM). Dazu brauchen wir einen kühlen Kopf, einen Berater, der unsere Denklogik prüfend mitvollzieht.

- Was wir erlebt haben, können wir erzählen, berichten, bezeugen. Dazu brauchen wir andere Menschen, die mit uns unsere Erlebnisse teilen, mit uns fröhlich sind oder uns trösten; und vor allem brauchen wir diese Hörer, damit das, was wir erlebt haben, im Erzählen Gestalt gewinnen und wir ihm einen gebührenden Platz in unserer Geschichte geben können (TRAJEKTIVUM).
- Auch über meine inneren Gedanken kann ich sprechen: Meine Ideen, meine Wünsche und Fantasien, meine Fragen und das, was ich hoffe (SUBJEKTIVUM). Auch da brauche ich Freunde, die meine Spinnereien, meine Ideen und Träume und meine konkreten Pläne mit mir teilen.
- Aber dann gibt es noch diese andere Seite, in der mein Leben wurzelt, das, was ich die „Zeit“ nannte, oder das „Wort“, den „Ruf“, der an mich ergeht (PÄJEKTIVUM). Der ist nicht in mir, wenn ich mich ihm nicht öffne. Da kann ich reden, fragen, diskutieren, solange ich will. Das lässt sich auch nicht aus den Meinungen der anderen folgern. Um den Anruf zu erfahren, muss ich zu einem „Hörenden“ werden, in einem Sinne, in dem Hören „Beten“ heißt.

Wenn wir die Prüfung der „Zeitenwaage“ ins „Kreuz der Wirklichkeit“ eintragen wollen, dann liegt sie im „Vorwärts“ des PRÄJEKTIVUMS, im „DU“: in dem „Ruf, der auf mich zukommt“ (Abbildung 07).

Es geht nicht um das „Gefühl“ als Gegenüber zum Verstand, wie wir heute so gern sagen. Gefühl und Verstand stehen eher so zusammen wie „INNEN“ und AUSSEN“. Es geht um ein „Hören“, wie man einen *Ruf* hört. Es geht darum, sich dem Reden und Wirken des Geistes des Lebens zu öffnen. Das ist konkret gemeint. Dies ist der Grund, warum ich in der Auseinandersetzung mit der „Postmoderne“ gesagt habe, dass dem Menschen der Postmoderne eine neu erwachte *Geistigkeit* zukommt.

➔ *Es geht um die innere Sehnsucht nach Identität und das Sich-Ausstrecken nach ihr, das „Hörsam“ werden, die „Achtsamkeit“ als umfassenden Begriff einer Wahrnehmung, die in dem Wahrgenommenen nicht nur die „äußere“ Tatsache der diesseitigen Dinge, sondern auch deren „innere“ Jenseitigkeit - und das will nichts anderes heißen als „den in ihr wirksamen Geist“ - hört.*

Hier also ist der Punkt, in dem sich die Frage nach der Identität des so genannten „Selbstverwirklichungsmilieus“ mit der Bot-

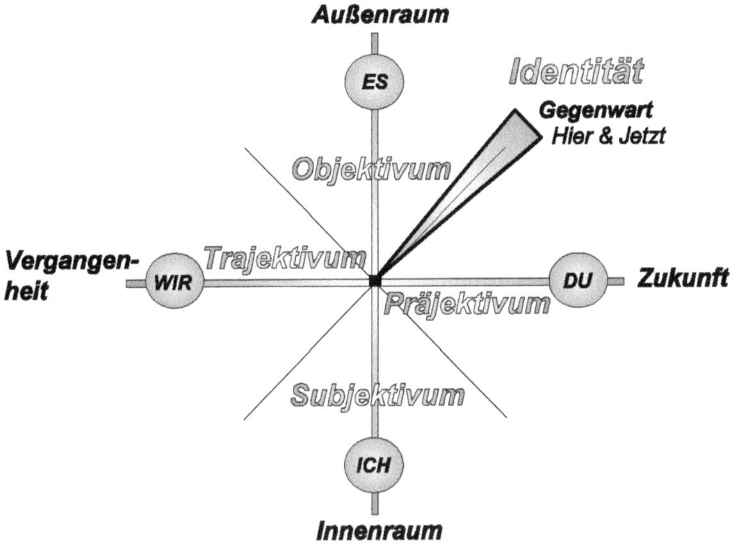

Abbildung 07: Das Kreuz der Wirklichkeit II

schaft des Evangeliums von dem erneuernden, erweckenden, Leben schaffenden Geist Gottes begegnet.

Das lässt sich konkret praktizieren und erfahren. Jesus sagt es so:

> *„Wenn du aber betest, so geh in deine Kammer und schließ die Tür hinter dir zu und bete zu deinem Vater, der im Verborgenen ist; und dein Vater, der in das Verborgene sieht, wird dir's [öffentlich] vergelten.* [64]

Mit der „Kammer" ist das Herz gemeint. Wir brauchen diesen *Schritt in die Innerlichkeit*. Wir müssen glaubend in diese „Kammer" eintreten und „die Tür hinter uns schließen". Wir können Gott nicht an die Öffentlichkeit zerren. „Er, der im Verborgenen ist und ins Verborgene sieht", will mit uns reden. Aber dies bleibt keine „innere Geistigkeit", sondern es wird sich in der „Öffentlichkeit", als erzählbare Geschichte und Erfahrung im Außen, auswirken.

In dieser Beziehung kann keiner den anderen vertreten. Das ist das Geheimnis des harten Gleichnisses von den zehn Jung-

[64] Matthäus 6,6.

frauen, das Jesus erzählt.[65] Die einen hatten Öl, als der Bräutigam kam, und die anderen nicht. Die, welche Öl hatten, wollten es den anderen nicht geben, weil sie es ihnen nicht geben *konnten*. Denn das Öl ist das, wovon wir hier gerade reden: Der Anschluss an die „Zeit". Es ist das, was uns als Flamme „brennen" lässt. Und das ist zugleich ein Ausdruck für den Anschluss an den Lebensgeist Gottes, wie er in unserem Leben wirkt. Den kann kein Mensch für den anderen einkaufen, ersetzen oder erschließen. Jeder muss selbst lernen, still zu werden und zu hören. Denn zu jedem (auch zu Kain) redet Gott.

➔ *Den Schritt in dieses Hören und das Leben, das im Hören beginnt und daraufhin seine Schritte wagt, nennt die Bibel Glaube.*

Um diesen meinen eigenen, mir zukommenden Weg in Identität mit mir selbst gehen zu können, brauche ich die „Kirche". Ich brauche sie, dass ich zu dem ureigenen Kreuz meiner Wirklichkeit finde, ich brauche sie, damit sie mich zu meinem Gleichgewicht, zu und in meiner Identität und in ihr zu meiner Freiheit begleitet.

---

[65] Matthäus 25,1ff.

Quellennachweise

Beck, Ulrich. *Risikogesellschaft: Auf dem Weg in eine andere Moderne.* Suhrkamp: Frankfurt a.M., 1986.

Bettex, Matthias C. *Entwicklungspsychologische Grammatik* . KomBi: Ettlingen, 2016.

Bonhoeffer, Dietrich. *Gemeinsames Leben.* Mit einem Nachwort v. E. Bethge. 19. Aufl. Christian Kaiser: München, 1983.

Gronemeyer, Marianne. *Das Leben als letzte Gelegenheit: Sicherheitsbedürfnisse und Zeitknappheit.* 2., unveränd. Aufl. Wissenschaftliche Buchgesellschaft: Darmstadt, 1996.

Heidegger, Martin. *Sein und Zeit.* 16. Aufl. Max Niemeyer: Tübingen, 1986.

Kierkegaard, Søren. *Die Krankheit zum Tode.* Aus d. Dänischen übersetzt u. mit Anmerkungen versehen v. G. Perlet. Nachwort U. Eichler. Philipp Reclam jun.: Stuttgart, 1997 [1849].

Keupp, Heiner, Höfer, Renate (Hg.). *Identitätsarbeit heute.* Suhrkamp: Frankfurt a.M., 1997.

Enomiya-Lassalle Hugo M. S.J. *Wolke des Nichtwissens.* Neu übertr. u. hg. v. W. Massa. Herder: Freiburg, 1999.

Montaigne, Michel de. *Essais.* Erste moderne Gesamtübers. v. H. Stilett. Eichborn: Frankfurt a.M., 1998.

Nadolny, Sten. *Die Entdeckung der Langsamkeit* . Piper: München, Zürich, 1985.

Rahner, Karl. Zur Theologie und Spiritualität der Pfarrseelsorge. In: Rahner, Karl, *Schriften zur Theologie,* Bd. 14. Benziger: Zürich, 1980.

Rosenstock-Huessy, Eugen. *Soziologie,* Bd. 1: *Die Übermacht der Räume,* 2., durchges. Aufl. Kohlhammer: Stuttgart, Berlin, Köln et al., 1968.

Schulze, Gerhard. *Die Erlebnisgesellschaft: Kultursoziologie der Gegenwart.* Campus: Frankfurt a.M., 1995.

Straub, Jürgen. Identität und Sinnbildung. In: Zentrum für interdisziplinäre Forschung, Jahresbericht 1994/95.

Tomars, A.S. Fine Arts and Social Stratification. In: Wick, Rainer, Wick-Kmoch, Astrid. *Kunstsoziologie*. DuMont: Köln, 1979.

Weizsäcker, Viktor von. *Der Gestaltkreis: Theorie der Einheit von Wahrnehmen und Bewegen*. Mit einer Einführung v. R. Denker. Suhrkamp: Frankfurt a.M., 1973.

Vom selben Autor ist bei **KomBi** *erschienen:*

Matthias C. Bettex

Entwicklungspsychologische Grammatik

ISBN: 978-3-9818451-0-5 160 Seiten, 14,99 €

Obwohl Sigmund Freud ein rein naturwissenschaftliches Verständnis der menschlichen Seele proklamierte, verwendete er als fundamentalen Baustein der Psychoanalyse den altgriechischen Ödipusmythos. Eingeschränkt durch seine atheistische und materialistische Weltsicht gelang es ihm aber nicht, den anthropologischen Wahrheitsgehalt der Ödipusgeschichte auszuschöpfen. Das Buch zeigt diesen Mangel auf und legt das dialektische Spannungsfeld des Ödipusmythos frei. Dabei wird deutlich, dass der dort beschriebene Konflikt eine erstaunliche Übereinstimmung mit dem biblischen Mythos der ursprünglichen Gottentfemdung des Menschen aufweist. Die „Hybris" dort entspricht der „Sünde" hier. Die Psychodynamik des Konflikts ist ein entwicklungspsychologisch zu verstehendes anthropologisches Existenzial. Dies lässt sich mit dem Entwicklungsmodell des Säuglingsforschers Daniel Stern nachweisen, das in diesem Buch ausführlich dargestellt wird. Sterns Modell fügt sich wiederum nahtlos mit dem „Kreuz der Wirklichkeit" des Soziologen Eugen Rosenstock-Hussy zusammen, das den Entwicklungsprozess des Menschen in ontologische Sprachkategorien fasst. Daraus folgt eine erweiterte Epistemologie der Psychoanalyse mit hoher Relevanz für die Praxis.

Band 1 der Reihe Wissenschaft

Weitere Veröffentlichungen bei **KomBi**

Hans-Arved Willberg
Die Wehen des Geistes
Das Leben von Alheide Siess

ISBN: 978-3-9818451-2-9   124 Seiten, 12,99 €

Alheide Siess wurde als Gründerin und langjährige Leiterin des Ettlinger Hilfswerks Freundschaftsbrücke Nicaragua e.V. bekannt, das in den 30 Jahren seines Bestehens mit den Geldern deutscher Spender Tausenden von Kindern und Familien unter den Ärmsten der Armen Nicaraguas Bildung, heilende Gemeinschaft und finanzielle Unterstützung ermöglicht hat. Ihre spannende Biografie ist die authentische Geschichte einer Zeitzeugin der nationalsozialistischen Tyrannei, die unter schweren Krisen ihren ganz eigenen spirituellen Weg entdeckte und zu tiefer Erfüllung in ihrer Lebensberufung fand.

CURA ANIMARUM
Fachzeitschrift für evidenzbasierte Seelsorge und Beratung
Hg. H.A. Willberg, A. Bochmann Ph.D.

ISSN 2199-1901, erscheint 2 mal jährlich

www.cura-animarum.de

Bestellungen im Buchhandel oder bei

Life Consult SPS KG
info@life-consult.org

Pforzheimer Straße 186, 76275 Ettlingen
USt.-Id.-Nr.: DE 271 905 296
Sitz der Gesellschaft: Ettlingen;
Amtsgericht Mannheim HRA 702993.
Komplementär: Hans-Arved Willberg.

KomBi
Verlag für Kompetenz und Bildung
www.kombi.life-consult.org